重走东北亚
丝绸之路

曹保明 著

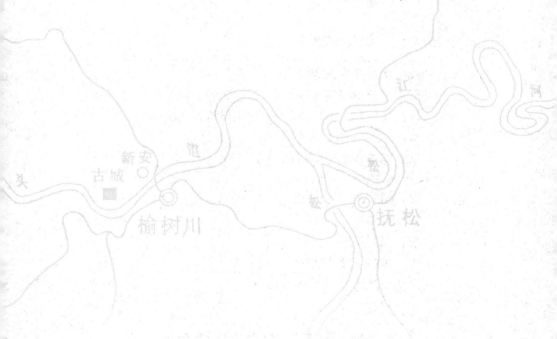

中国文史出版社

图书在版编目（CIP）数据

重走东北亚丝绸之路／曹保明著． -- 北京：中国
文史出版社，2022.5
ISBN 978 - 7 - 5205 - 3844 - 2

Ⅰ．①重… Ⅱ．①曹… Ⅲ．①丝绸之路 - 概况 - 东北
亚经济圈 Ⅳ．①K928.6

中国版本图书馆 CIP 数据核字（2022）第 189132 号

责任编辑：金硕　胡福星

出版发行：中国文史出版社
社　　址：北京市海淀区西八里庄路 69 号　　邮编：100142
电　　话：010 - 81136606　81136602　81136603　81136642（发行部）
传　　真：010 - 81136655
印　　装：廊坊市海涛印刷有限公司
经　　销：全国新华书店
开　　本：660×950　1/16
印　　张：14.75
字　　数：146 千字
版　　次：2023 年 2 月北京第 1 版
印　　次：2023 年 2 月第 1 次印刷
定　　价：52.00 元

———————

　　路，是一种语言。丝绸之路，是关于人类生命的一个自然述说、历史述说、文化述说。千百年来，它具体地存在于中西方这个广袤而各异的地域中，向人类述说着它的存在……

　　其实，作为中西方最重要的文化背景和空间，它不单在全球 7000 公里上连接世界，更在每一方寸上触动人心……

———————

C ONTENTS
目录

第一章　风自东北方来 ……………………………… 1

　第一节　丝绸之路名称的来历 …………………… 1

　第二节　丝绸之路向北延伸 ……………………… 8

　第三节　发现东北亚丝绸之路 …………………… 18

第二章　东北亚丝绸之路的历史记忆 ……………… 28

　第一节　口述史 ………………………………… 28

　一、范从军口述 ………………………………… 28

　二、崔成寿口述 ………………………………… 30

　三、韩忠义口述 ………………………………… 32

　四、孙春德口述 ………………………………… 34

　第二节　沿途考察摘记 ………………………… 35

　一、石人 ………………………………………… 35

　二、土湖村 ……………………………………… 36

　三、遥林 ………………………………………… 37

　四、干巴河子 …………………………………… 37

五、老道槽子与老道洞 ………………… 38

六、五人把 ………………………………… 43

七、松岭 ………………………………… 43

八、三道阳岔 ………………………………… 45

九、花山 ………………………………… 50

十、临江 ………………………………… 53

十一、铜山村 ………………………………… 53

十二、夹皮沟 ………………………………… 57

十三、挡石村 ………………………………… 60

十四、望江楼 ………………………………… 61

十五、大栗子村 ………………………………… 62

十六、苇沙河 ………………………………… 62

十七、白马浪 ………………………………… 64

十八、大长川村 ………………………………… 65

十九、金银峡 ………………………………… 65

二十、下三道沟 ………………………………… 67

二十一、滴台 ………………………………… 67

二十二、三棚湖 ………………………………… 68

二十三、滑石矿 ………………………………… 68

二十四、马市台 ………………………………… 68

二十五、铁匠屯 ………………………………… 69

二十六、萨其城山城 ………………………………… 70

第三节　东北亚丝绸之路沿途地名明细 ………… 72

第三章　东北亚丝绸之路的人文印记 …………………………… 82

　第一节　贡品文化 ………………………………………… 82

　　一、人参 ………………………………………………… 82

　　二、松子 ………………………………………………… 84

　　三、虎皮 ………………………………………………… 92

　　四、貂皮 ………………………………………………… 93

　　五、昆布 ………………………………………………… 96

　　六、白附子 ……………………………………………… 97

　　七、儿女口 ……………………………………………… 98

　　八、中草药和山菜 …………………………………… 100

　　九、倭锦 ……………………………………………… 108

　第二节　民风民俗 …………………………………… 109

　　一、奇特的"腌鱼"（镜泊湖·黑龙江段）……… 109

　　二、辣白菜节（西古城·和龙市西城镇金达莱村）

　　　 …………………………………………………… 110

　　三、金达莱节（西古城·和龙市金达莱村）…… 113

　　四、官道岭风情（抚松·新安驿）……………… 116

　　五、抚松的白骨披红 ……………………………… 117

　　六、藏酿 ……………………………………………… 124

　　七、高句丽乐舞 …………………………………… 125

　　八、奇异的丝绸传说 ……………………………… 127

　　九、细心的狗爷们 ………………………………… 130

　　十、相扑舞乐 ……………………………………… 134

第四章　东北亚丝绸之路的传说和歌谣 ……………………… 137

第一节　传说和神话 ……………………………………… 137

一、称蚕为"宝宝" ……………………………………… 137

二、养虫 …………………………………………………… 138

三、燕雀卵 ………………………………………………… 139

四、蚕神庙与蚕神 ………………………………………… 140

五、"树娘"的故事 ……………………………………… 141

六、一把豆秸土 …………………………………………… 143

七、七叶一枝花 …………………………………………… 144

八、馒头的来历 …………………………………………… 146

九、"响水"的来历之一 ………………………………… 149

十、海碗的来历 …………………………………………… 151

十一、一夫一妻的来历 …………………………………… 152

十二、渤海人好养猪习俗的由来 ………………………… 154

十三、渤海国里懂鸟兽语的人——萨多罗 …………… 156

十四、龟趺驮碑的来历 …………………………………… 157

十五、"响水"的来历之二 ……………………………… 159

十六、渤海国大石佛的来历 ……………………………… 160

十七、丝路上的马匹 ……………………………………… 161

十八、江排和江筏 ………………………………………… 163

十九、海船 ………………………………………………… 175

第二节　丝路歌谣 ………………………………………… 179

一、渤海宫廷歌谣 ………………………………………… 179

二、民间歌谣 …………………………………………… 182

第五章　传奇应当延续 …………………………… 191
　第一节　大型情景剧《盛世契丹》 …………… 191
　第二节　跟着一本书走 …………………………… 194
　第三节　好一条文化丝路 ……………………… 197
　第四节　神奇的吉剧 …………………………… 206

后记　生命与爱的重走 …………………………… 223
主要参考书目 ……………………………………… 226

第一章
风自东北方来

第一节　丝绸之路名称的来历

传说公元前48年，罗马的恺撒大帝在一次人们为他举行的战胜庞培而祝捷的盛宴上，他突然脱去了自己的外套，露出里边穿着的一件华美轻柔的长衫，在座的所有人都惊呆了。

众人问，这是什么？

恺撒大帝自悦地说，这是中国的衣衫。

众人问，用什么做的？

恺撒大帝说，这种"布"是长在树上……

于是这种前所未有、光彩照人的衣衫纺织品，一下子成为罗马贵族男女争相穿用的珍品，并蔚然成风，这就是中国的丝绸。

但是，这种由遥远国度进口来的衣料，价格昂贵，使得罗马帝国流失大量资金，尽管元老院多次通过禁穿丝绸的法令，可是

丝路雅丹

依然无济于事。古希腊人和罗马人都称中国为"赛里丝",意思是产丝之地。《旧约全书》中干脆称中国人为"丝人",对于把丝绸视作天堂服饰的古希腊、古罗马人来说,称中国人为丝人,简直就是直呼为神。

于是,一条长长的路出现了。它从天边而来,又到天边而去,它来自中国中原的长安与洛阳,并从那里通过阳关和玉门关,分作南北两道,直接进入古称西域的新疆,再沿着人烟绝迹的塔克拉玛干沙漠南北边缘平行向西,越过葱岭,穿过中亚诸国、西亚的安息和两河流域,直抵地中海南岸的埃及和北岸的希腊与罗马,它,就是人类历史上输送包括丝绸在内的东方特产的最长、最繁华、贯通东西方的一条大路……

这条大路,一队队的骆驼和马,驮着石榴、葡萄、瓷器、琵琶、丝绸、佛像……走在这条路上,日夜川流不息,流向西方。

据冯骥才《人类的敦煌》记载,丝绸从中国运到罗马,不是

塔克拉玛干

直接运到的，中间相隔数万里，征程漫漫，山水相隔，各地语言风俗互不相通，货物是通过各个国家的转手贸易，一站一站地向前慢吞吞地转送，价钱也就渐渐提高，于是等到了罗马，便真的贵如黄金了。

驮运货物的骆驼，改换成驮运货物的白象，再换用马匹，又换上船只。

另外，充当中间转手人的塞人、帕尔特人，为不失去利益巨大的丝绸倒卖贸易，也在极力高效阻挠中国与罗马直接接触，因此在很长的一段时间里，罗马人一直以为中国的丝绸是长在树上，而在中国人的书里，罗马人身材高大、五官端正，长得和自己很相像，所以就称罗马人为"大秦"；中国人甚至以为罗马人也善于种植桑树和养蚕。事实上直到 7 世纪，中国人制造丝绸的秘密才传到意大利南端的西西里。

千百年来，西方人太想知道丝绸是如何制造的了，所以一直流传着一个又一个关于丝绸的传说。传说有一位嫁到于阗的公主，偷偷把蚕放在自己的帽子里，躲过严格的检查，养蚕造丝的秘密才被西方获知，两个相互摸不到的国家，只有用美丽的想象与充满彩色的神话去连接对方了。

光彩照人的丝绸和漫长艰辛的丝绸之路，则像神奇的带子，把人们紧紧地系在一起。在公元元年前后，西方和东方，各有一次机会，可以相互邂逅。对于西方，是公元前4世纪，马其顿帝国亚历山大东征时，曾经一直打到阿富汗阿姆河上游赫什河旁的霍阗，部将尼亚科斯和奥尼希克里得到了一个极富诱惑力的信息，那便是再往东挺进，就要抵达产丝的"塞里丝"了。偏偏此时，亚历山大重病，这支东征的希腊军队只好掉头回去，错过了一次一睹中国真面目的良机。

对于东方，是公元97年。那时正值汉代强盛期的中国，已经很清楚那个地处辽远的西方国度"大秦"，是最大的丝绸消费国，负责扼守西域的都护班超，派遣他的属员甘英出使"大秦"，力图直接打通东西方的丝绸贸易。甘英千辛万苦到达波斯湾，想乘船渡海向西行进，但帕尔特人知道了他的意图。这些一直在做丝绸贸易的帕尔特人，便阻挠他渡海，对他说："大海无边，渡海一次顺风要三个月，顶风要两年……"这些可怕的话，把缺乏航海常识的甘英吓住了。

迟疑地站立在波斯湾滩头的甘英哪里知道，他距离罗马只有一步之遥了。如果他向前再跨一步，东西方一旦沟通，世界也许早就会变成另一番样子了。

东西方擦肩而过，丝绸之路却顽强地存在下来，前后竟是一千五百年。

丝绸之路的名称是由一个叫李希霍芬的德国人提出来的。据《简明不列颠百科全书》记载，李希霍芬（1833.05.05—1905.10.06）是普鲁士的地理和地质学家，著有五卷本的巨著《中国》（又名《中国——亲身旅行的成果和以之为根据的研究》）。他于1877—1902年收集了大量资料，对人类地理学方法的发展有贡献，并且帮助建立了地貌学。他于多洛米蒂、阿尔卑斯山和特兰西瓦尼亚进行的地质调查取得声望之后，便于1860年被邀请作为地质学家，随同德国经济使团去远东，访问了锡兰、日本、中国台湾、西里伯斯、爪哇、菲律宾，并从曼谷旅行到缅甸的毛淡棉，又从该地去往加利福尼亚。

1863—1868年进行的地质调查，使他发现了金矿，回到东方之后，他访问了中国的几乎每一个省，为他的巨著《中国》收集资料。也正是他在其著作中提出了丝绸之路的名称。

世界文明的发展与建立，从来都是从物质到文明的一个过程，是一种精神到物质的流动，也就形成了精神的动力，即一个国家的核心价值观。我国从远古到汉唐，中原丝绸的迅速发展，表明中华民族农耕文明和纺织手工业技术得到了空前的发展，从而也促使物质与精神文明的形成，于是使得丝绸成为强大的中华文化的精神和物质的超越。

我们从著名神话学家、中国民间文艺家协会副主席叶舒宪先生的《西玉东输与华夏文明的形成》中可以发现，丝绸之路可能来自"玉石之路",他从远古神话中考察发现,远在距今8000年到4000年之间,中国玉文化传播的主要方向可以简单归纳为两个:北玉南传和东玉西传。起源于北方西辽河流域的玉器生产以兴隆洼文化为开端,以玉玦为最初的主流玉器形式,8000年前率先在内蒙古东部地区登场,逐渐向东和南传播,数百年后到达今河北北部和日本列岛,有易县北福地遗址出土玉玦为证,距今约7500年。北方早期玉文化随后进一步南传,在约7000年前到达浙江沿海一带,有余姚河姆渡文化出土玉玦为其实例,后又经过2000年的缓慢传播,玉器种类逐渐增多,在约5000年前的凌家滩文化和良渚文化达到史前玉文化生产的巅峰期,受其影响,史前玉文化的分布几乎到达中国东部大部分地区。

与北玉南传的漫长历程相比,东玉西传的文化传播过程出现稍晚,用时也较短,大约从距今6000年前开始,到距今4000年结束,使得原本在东部沿海地区较流行的玉石神话信仰及其驱动的玉器生产,逐步进入中原地区,形成龙山文化时期玉礼器组合的体系性制度,并通过中原王权的辐射性影响力,进一步传到西部和西北地区,一直抵达河西走廊一带,以距今4000年的齐家文化玉礼器体系为辉煌期。当人们在成都平原的金沙遗址看到出土的大玉琮居然和环太湖流域的良渚文化玉琮别无二致时,可能会感到百思不得其解,数千里的距离是怎样跨越的?现在从东玉西传的发展脉络去看,就豁然开朗了。

经历了史前玉文化传播的两大方向性运动以后,伴随中原文明起源的却是另外一种方向的玉石原材料远距离运动——西玉东输。其原因在于史前期的玉文化传播基本上以玉教及其神话观念传播为主，以玉为神的观念流传到哪里，就会在当地驱动玉器生产和消费的群体行为，并且让玉器成为地方政权的象征物；但加工玉器所用原材料一般都是因地制宜的，不存在跨地区远距离的大规模输送玉料情况。然而，伴随着夏商周国家而兴起的，是全新的玉料种类的长距离运输现象，即出产于新疆昆仑山一带的优质和田玉材，第一次揭开其向中原的大输送历程的序幕。

从夏朝晚期都城二里头遗址和殷商墓葬中出土的精美玉器，已经能看出有批量的和田玉供应情况，西周时期的高等级墓葬，如三门峡虢国墓和山西曲沃晋侯墓，出土玉器数量庞大且制作精致，几乎清一色都用和田玉。东周之后的儒家能够推崇"君子温润如玉"的人格修养理想，道家圣人老子在《道德经》中能够标榜"圣人被褐怀玉"的内敛精神，以及史书中围绕着卞和献玉璞、和氏璧价值连城之类的叙事，"化干戈为玉帛"的理念毫无争议地升格为这个文明国家的最高价值体现。正因为和田玉进入中原以后，始终保持着帝王玉的品格，这就难免会超越和压倒所有其他地方玉的表现。到了汉武帝时代的所谓开通西域壮举，其实不过是将早已开通2000年的西玉东输路线，用官方设立关卡驿站的形式重新确立下来罢了。

鸦片战争后才到中国来探险探矿的殖民列强代表李希霍芬，于1877年提出丝绸之路，只不过是他在对玉石之路的存在完全不知情的知识空缺条件下，出于欧洲人视角的一种一厢情愿式的命名，其实，我们自己的丝绸之路文化早已存在，可是并没有被我们自己所概括出来。

敦煌壁画

不过丝绸之路这个名词的普遍使用，已成为今天世界各地文化和理论工作者去面对历史，分析地域的重要标准了。于是丝绸之路就成为人们探索文化发展与文明延伸的重要标志，在人类探索自然、历史、文化的举措和使命时自然地用这个词来概括也就顺理成章了。

第二节　丝绸之路向北延伸

其实，在人类的历史上，丝绸与丝绸之路的历史比希腊和罗马的历史要早得多，在 5000 多年以前，中国已经生产丝绸了，我们从 4000 多年前的甲骨文中就有蚕、丝、帛等文字中可以看出，5000 多年前在今江苏吴江钱塘出土的新石器时代文物中的绢片、丝带和丝线便可以认知这一切。

在希腊罗、马之前，与东方文明交往的西方民族是古埃及，埃及文明的许多细节都与中国文明惊人相似以至相同，但是这些过于遥远的历史早已失去了记忆，究竟谁影响谁，已经无从可考了。史书有载的，第一个奔向西方的人是周穆王。

在古籍《穆天子传》中记载，公元前1001—前947年，周穆王曾率七卒之士，驾八骏车，带着大量精美物品与丝绸，浩浩荡荡行进在高远浩瀚的西北高原上。

帕米尔高原

狂风肆虐，飞沙走石，人走一步，已成土沙之人，有时遭遇大雪、冰雹，人马顿时冻僵，雪停再行。他自王都宗周出发，溯黄河而上，西进柴达木盆地，北登帕米尔高原，一路上，受到当地居民与酋长的欢迎，得到闻名于天下的和田美玉，然后继续西行，过赤乌地（塔什库尔干）、玄池（伊塞克湖或阿姆河），终于来到了西王母之邦。周穆王手执玄圭白璧，向西王母馈赠华丽丝绸，西王母则在瑶池设宴款待。两人饮酒酬酢，对酒当歌，互为唱答，表示敬慕之情。冯骥才先生在《人类的敦煌》中说："这大概是最早和最浪漫的中西文化交流了。"北方民族，把西王母写在戏曲中，但还有人能去能归，而且"来来去去"只需七天。

这就是"灶王"的传说。

人，把遥远的路途具体化了，这表现了人类对遥远的征服……

许多扑朔迷离的相见太遥远，太难以到达，但是北方人有"到达"的理念，一则《去见西天佛祖》的民间故事就表述了北方人的乐观与朴素的追求，生动而厚实。

说从前有一个人，总想去见一见"西天佛祖"，有一天他告别母亲，就离家向西走去了。他走啊走啊，一年又一年，一岁又一岁，也不见到达西天，也没有见到西天佛祖。有一天，他碰见一位白胡子老头，就向那位老人打听道："老爷爷，西天在哪儿？佛祖在哪儿？"

白胡子老头说："孩子，你走错了。不是在这边，是在那边……"

他一看，老人指给他的方向是往回走。

他又问："那佛祖呢？他什么样子呢？"

老人说："只要你见到一个人，披着大袄，戴着一顶大大的帽子，那人就是！"

于是，这人便往回走了。

又走了许多年，他终于来到了自己的家，他立刻敲门。这时，娘给他开门来了。那时，他出门已经多年了，娘已经老了，天又下起了雨，娘给他开门，没有伞，娘就顶着一个大锅盖，娘老后，身体又老又瘦，那老棉袄也显得又大又厚，儿子一看，啊？这不正是白胡子老头说的人——佛祖吗？从此，北方人便说，佛祖不在西方，在东方，就是自己的娘。

丝绸之路——函关古道

丝绸之路的观念在对西方的遐想里，不知不觉地存在了一千多年，到公元前 138 年，张骞出使西域，这才真正体现出中西方交流的意义来。

公元前 2 世纪，强悍骁勇、善于骑射的匈奴人在单于的统率下，击垮了生活在敦煌和祁连山一带的大月氏人，据说得胜的匈奴将士们，用大月氏王的头盖骨做饮酒的器具，这听起来叫人不寒而栗。他们称霸大西北，切断汉王朝与西方世界的联系，倚仗着自己金戈铁马的能力，时时侵犯中原。

可是，在千百年的人类历史中，人们过去只是过多地注意张骞出使西域的古丝绸之路，不知也不会想到还有诸多条通往西域丝绸之路起点长安（今西安）的丝绸之路，而其实，历史上有许多条重要的丝绸之路，是通往西域长安的丝绸之路的，比如东北的丝绸之路，历史上它曾被称为"东北亚丝绸之路"或"朝贡道""北丝路"等，其实北丝绸之路已形成两千多年了，这是北方民族向中原朝贡而形成的。

"朝贡"，极庄严的一个词，我们惊讶于地名带给人的神奇记忆和联想。地名表示自然已是真正的人文文化，哪怕不是记载人类活动本身的内容，也已经是通过人的生存实践和目光去概括过的；朝，是敬仰的朝见；贡，不能空手，要带去地方上最好的特产，送给人所敬仰的大唐。这种古人生存过的城镇居点和走过的道路，今天还会留下什么痕迹呢？顶礼膜拜，也就是一会儿的事，为了这样一个举动，一个地域、一个民族、一个部落的人该怎样筹备，然后千里迢迢，关山万重，骡驮马载，风雪飘摇，到达一个叫长安的地方……

万国来朝

长安，今陕西咸阳，和省会西安组成庞大的历代古都城，是万国朝贡之地，唐渤海时的北方民族更是仰望这座强大的都城，但到达那里，却几乎是一个梦。但梦终究是人做的，梦是人以精神去认知去实现理想的一种追求。脚，人体细微的神经末梢，老化之后，就成为细碎的硬骨，人成为骷髅，千年后，脚的硬骨粒仍然坚硬如石，它从细小细胞化为人生命之脚骨那一刻，在娘胎的血脉中已成为这个角色，必然要载起生命去若干地方，最终到达梦的地方。梦，随做随忘却了，梦留下了自己的载体，那就是道。

　　追溯至久远的年代，展开《唐·渤海国志》，那曾经的历史一下子鲜活起来，渤海王追求舒适奢侈的中原宫廷日子，他要带上礼物去那个神圣的长安，这使得渤海与唐建立了血肉联系，贸易活动的空前繁华，使渤海与周边民族、国家的往来，出现了前所未有的密度，在这里，竟然有五条"道"穿越北方，通达四方，到达中原，甚至穿过塔克拉玛干，翻越帕米尔，到达中亚、西亚。

丝绸之路——函谷关关楼

　　据古代文献和《东北亚丝绸之路》（傅朗云著，李树田主编"吉林长白山丛书"）记载，唐和渤海时期的朝贡道又称东北亚丝绸之路，它诞生在东北广阔的平原和山林江河之间，广泛地连接着中原并通过它与东西南北四面和周边的国家沟通。东北亚丝绸之路的朝贡道共有五条，第一条称为"鸭绿道"，就是由渤海都城前往京师长安，先到西京鸭绿府（今日临江），然后乘船顺鸭绿江而下，抵达泊汋口（大浦石河口），再循海岸东行，至都里镇（今旅顺），继而扬帆横渡乌湖海（渤海海峡）到登州（今山东蓬莱）登岸，然后从陆路奔往唐京长安。第二条称为营州道，又叫长岭道，是渤海与唐朝东北地方管理机构之间政治、经济往来的主要路线。营州（今辽宁朝阳）是唐王朝经营东北地区的重镇，唐中期以前是营州都督府所在地，后为平卢节度使的驻地，代表唐朝管理渤海等东北少数民族，唐贾耽称为"入四夷之路与关戍走集最要者"。其路线是从渤海都城出发，经长岭府（今吉林桦甸苏密城），沿辉发河，至新城（今辽宁抚顺），然后经现在的辽西北镇抵达营州。第三条为契丹道，又称扶余道，是渤海与西面诸民族往来的交通路线，经渤海都城出发，越过张广才岭，抵达海西重镇扶余府（今吉林农安），再西南行进入契丹地区，至辽河流域的契丹腹地（今内蒙古巴林左旗一带）。这也是当年耶律阿保机率领契丹军队自扶余府攻打渤海上京的往返路线，也是渤海与室韦、乌罗侯、达末娄等部交往的重要交通干线。第四条为日本道，又称龙原道。龙原道是渤海赴日本的重要交通线，先由渤海都城到达东京龙原府（今吉林珲春东），继续南行至盐州（今俄罗斯克拉斯诺）港口，由此乘船渡海去日本。海路有两条线，其一是筑紫线，自盐州出发，沿朝鲜东海岸南下，过对马海峡，到达筑紫的博多（今日本九州的福冈），当时日本处理外交事务的太宰府设于此。其二是北线，从盐州出发，东渡日本海，直抵日本的本州中部北海岸的能登、加贺、越前乃佐渡等地。752 年首创这条航线，是渤海与日本之间最近的航线。走这条航线，只要掌握季风规律，海难事故大大减少，因此成为后期渤海与日本之间主要的航线。第五条为新罗道，又称南海道。南海道是渤海与新罗的交通线。渤海去新罗必经南京南海府，有陆路与海路两条线路，海路始发南海府的吐号浦，沿半岛东海岸南行，直达新罗各口岸，途程较短，又紧靠海岸，是一条较为安全的航线。陆路由东京至南海府，向南渡泥河（朝鲜龙兴江）进入新罗界。唐贾耽在《古今郡国志》中记载，从渤海东京龙原府到新罗井泉郡（朝鲜咸镜南道的德源）中间有 39 驿。唐制 15 公里为一驿，全程 585 公里。这条交通路线峰峦起伏，关山险阻，是一条崎岖的交通线。渤海在几条主要交通干线上设置驿站，负责政令、军情的传递，往来官员、使者的接待，以及驿马的管理，车船保养等事务，而且建立了"乘传"制度，由驿站为来往官员、使者提供"传马"或车辆。

由于北方运来的贡物多是本土的特产，包括珍珠、玛瑙、玉石、虎皮、松树籽、昆布等，中原人让他们带回的就更是公认为珍品的陶瓷、丝绸了。北土之人如能得到一块丝绸，就认为自己是一个高尚的人、见过世面的人，于是会被更多的人崇拜和敬仰，于是，丝绸就这样从南走到了北、从西走到了东，而这条路，也就成为名副其实的北丝绸之路了。

在古代，中原东方与南方濒临大海，烟波浩渺，人们航船乏术，唯有望洋兴叹；北面为冰天雪地，人鸟绝迹，更难往来。西面虽是漠漠荒沙，去之遥远，然而总有零零星星的人或来或去。从那些几乎被晒枯了的人的心中，透露出隔着大沙漠那更远的西边的消息，那是一片诱发奇想的朦胧的世界、一片空旷的神秘、一片未知的文明。

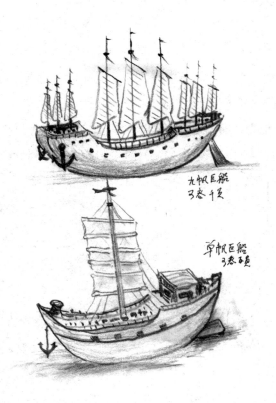

从丹东奔往蓬莱的垛子船（富育光 手绘）

渤海人对大唐的"贡"，其实深深来自大唐对渤海的"送"，这是深层次的政治与文化，如果说隋唐是中国文化真正展开自己灿烂与辉煌的文化辐射时代，那么长安便是这种精神与文化的发射场。大业年间，日本在中国出现统一王朝而空前富足的刺激下，多次派遣使臣、学员和僧人，到中国学习进步文化。大业四年（608年），日本圣德太子任命大和豪族世家子弟的小野妹子为使臣，难波吉土雄为翻译，带领玄理僧人旻、请安、慧安等八人，作为学员和学问僧，乘船渡海，来到长安（他们所走的就是北丝绸之路），这是中日交流最初时代的事。当时，隋炀帝命负有外交职能的鸿胪寺四方馆出面接待他们，并派悟真寺高僧净业入馆，教习他们佛教文化。直到转年九月他们才学成回国。当时，日本尚没有自己的文字，这一行人对于日本佛教乃至整个社会的文明进步都做出了非同寻常的贡献。从此，来中国学习佛教与取经的日本人络绎不绝。

可想当年，北土丝绸之路上，贡送贡物的马队，前去学习的日本僧人，一队队、一行行，在北土的深山老林中穿行，这条"道"，为长安的繁华和发达默默地贡献着。马帮的驮铃发出丁零零、丁零零的悦耳响声，传递了千年；那些孤寂的响声，无论春夏秋冬，日夜在群山间回荡，不知寂寞地迎来了冰雪的飘落和融化，山谷间的小道被踩成古道，又一岁岁被厚雪所覆盖。如今，东北长白山里只剩下"官道岭""老道槽子""老道洞"等一些地名了。这些"名"以及名字所保留下来的记忆，我们今天将通过记载让它复活，也许自然和曾经鲜活的历史也会随着这些记忆的复生而一起复生。

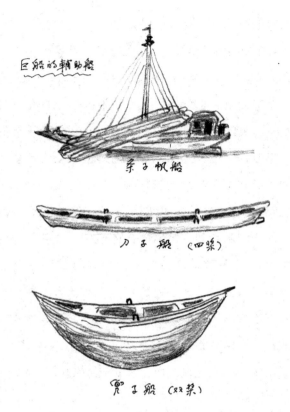

巨船的辅助船

桨子帆船

刀子船（四桨）

贯子船（双桨）

从西京鸭绿府（临江）奔往丹东的垛子船（富育光 手绘）

第三节　发现东北亚丝绸之路

路，是一种语言。丝绸之路，是关于人类文化的一种自然述说、历史述说、文化述说。千百年来，它具体存在于这个漫长而久远的地域上，向世界向人类述说着它的独特存在。丝绸之路作为中西方共同的文化话题，不单单跨越 7000 公里连接世界，更在具体的意义上连接国内外各个地区，它从起点长安通往中亚、西亚，最后到达希腊、罗马；长安是中国南北方经济、文化、政治发展的重要中心，丝绸之路同样能够推动和带动中国南北方、东西方文化和经济的繁荣。对丝绸之路沿线历史文化的挖掘、物质和非物质文化遗产的抢救、中华民族优秀传统文化的传承、中国地域文化的梳理和整理，已是一个不可忽视的文化动因，而且这完全是由丝绸之路文化身份所带来的巨大文化内涵所决定的。

丝绸之路的身份，是以文化的交流作为自己最具代表性的特征。自古以来，中华民族就是一个开放的、进取的民族，对于任何先进的事物，无论是帝王将相，还是平民百姓，都是勇于寻觅，勇于前行，完成交流，勤于传承，于是有了丝绸之路文化，并通过塔克拉玛干，穿越帕米尔高原，到达中亚、西亚，最后来到希腊和罗马，就这样使丝绸之路成为全人类的文化遗产。丝绸之路又是一条放大的文化带。古往今来、四面八方多少条路通往丝绸之路，把文化、特产、政治、思想、民俗、风情带往长安，又从长安走向世界；反之，长安的政治、经济、文化、民俗、风情又是怎样生动具体地影响着丝路沿线和终点的民族和地域呢？也许很难说清楚。东北亚丝绸之路就是这样一条连接西土长安，使长安通过它直接主导和影响着东北地区民族、经济、历史、文化的重要道路。

2013 年 2 月，笔者与向云驹先生、中国民协副秘书长张志学先生等，共同组成"长白山人参文化之乡"考察组，来到位于长白山腹地的吉林抚松，我们特别有幸地亲历了东北亚丝绸之路（抚松的

笔者在帕米尔高原考察

"朝贡道"段），第一次亲自触摸了丝绸之路文化概念下的文化存在。我们认同北丝绸之路与中原丝绸之路的重要关系，它扩大了丝绸之路的原有文化概念，更新了"丝绸之路"地域的固有观念，并且深刻地认知到，其实中国境内许多省份都与中原丝绸之路有着重要的自然关联、文化关联、历史关联，这正是中华民族地域文化的特点，这也使得丝绸之路文化真正的内涵和意义进一步让世界共享，令丝绸之路的思想观念起到了引领中华民族文化发展、地域发展的重要作用。

丝绸之路文化是珍贵的自然文化、地理文化、历史文化和人文文化的总和。仅以贡品文化为例，丝绸之路贡品文化使古代人类对自然的保护和科学的认知达到了一个高峰，包括人参、松子和中草药采集都有一整套科学的程序。丝绸之路贡品文化包括采集文化，是人类认识自然、走进自然的重要文化历程，已成为人类认知自然的文化瑰宝。

采集文化和朝贡文化，产生于典型的丝绸之路文化，促进了文明的高度发展，具有极强的保护自然和尊重自然的科学性，如松子的采集，前期是砍倒大树采，后来渐渐地改进为设法上树取下松塔，而后来为了鼓励采集者上树采集松子，嘉庆十七年（1812年）规定，凡上树采塔之人发给老羊皮5张，自制皮衣和皮裤；同时，也推动了上树工具的发展，使东北的铁匠文化开始丰富起来。铁匠们发明了"猫爪"（一种铁质上树采松子的专用工具），还有"扎子"等铁器。至今在北丝绸之路沿途仍有许多铁匠村、铁匠屯存在。铁匠业在贡品松子等的采集历程中，全面推动了北方铁业的发展，使铁匠的手艺花样翻新，以至冶铁业、打制业、烘炉业、焦炭业都得到了空前的发展，完整的铁业文化在唐、渤海以及后世几代都是东北民间突出的文化类型。

丝绸之路文化和朝贡文化的发展极大地促进了中华民族文化的创造，诞生了典型的不同地域文化交流的成果，"秧歌"的诞生就是由丝绸之路文化和朝贡文化所引发的文化成果。如果没有大唐，如果没有渤海国的仿唐，如果没有心怀渴望的驿夫，如果没有激情如火的踏娘，踏锤舞便不会生成。舞蹈生成的原因，一是理想，二是激情，二者缺一不可，而舞蹈从此成为历史和文化的述说和岁月的刻写。

文化的形成，离不开民族的学习和文化的认同。今天，我们在认真总结"丝绸之路"文化价值之后，不能不由衷地感受到，丝绸之路文化所带来的文化思考更加具体、更加鲜活，是推动整个丝绸之路文化带上各民族各地域文化发展的鲜明议题，有

"点"，有"面"，有很强的操作性，又使得人类对历史、自然和文化遗产的抢救与挖掘有了准确的出发点，能够更快地进入人们的文化视野，这将在社会生活中，使人更加注重历史和传统、热爱自然和地域，这是生活在今天的人们对丝绸之路文化身份的认知和普遍接受。

其实，许多创造性的文化都自然地保留在丝绸之路文化上了。发掘和保存丝绸之路文化将大力促进我们对自然、历史和文化的传承与保护。在北方丝绸之路的沿途，有大量从前的"丝路"村屯在闲置，文化被淡忘，记忆在消退，甚至人们无从去了解和认知曾经的文化存在和生动的历程。如长白山区临江（从前西京鸭绿府）的望江楼村，如"丝路"上的一处处哨口白马浪、马市台、沙河口、大长川，抚松的新安乡、官道岭、老道槽子等，这些丝绸之路上的地名和文化都深埋在记忆中、保留在自然里，一旦人们认知和明确它们的文化身份，它们的文化价值将顿时增生，人们可以顺理成章地恢复、开发、建设、使用，于是这种历史和文化被重新复活，成为新的文化存在被今天的思想所唤醒，一个不同的历史时期也随之到来。

我们所认知东北亚丝绸之路与中原丝绸之路具有共同的价值，主要表现在四个方面。

第一，东北亚丝绸之路与中原丝绸之路一样有自己久远的历史，它不仅是只为了某个人或只为了某种文化或者为了某种物质的交流而形成的，它是一个综合的概念，而使用丝绸之路这个词来概括。从前这条丝绸之路又叫朝贡道，缘起于北方民族心系中原，始终认为自己是中原的一个部族，中原也希望北方民族是自己的子民，一起构成了大一统中原文化的核心。

第二，东北亚丝绸之路同中原的丝绸之路一样，具有一种民族文化传承的概念。东北各民族在漫长的生存历程中历经了统一、征战，又统一、又征战、又统一，其间一直没有隔断与中原的文化联系，这种联系就体现在丝绸之路上。唐和渤海时期的丝绸之路历史就是典型的北方民族心系中原，希望和中原王朝发生政治经济联系的证据。丝绸之路本身已经远远超出了经济的范畴，它是政治倾向与民族心理的一种表现，历代的北方民族均有这样一种思想。

第三，东北亚丝绸之路文化是北方民族千百年来民间生活的方式和民俗文化的展示，是中国人的文化心理之一。生活当中的礼尚往来表现了一个民族的生存能力和精神状态，把自己最珍贵的东西供送给别人，表现了人对人的尊重，展示了这个民族的善良和精神的美好。北方民族供送给中原的贡品是他们用辛勤的劳动所得来的身边的特产，把这些以自己用生命的努力换来的特产送于中原所得到的是中原的回馈。当然也有物质如丝绸、布帛、犁铧、陶瓷，但更有价值远远超过物质、影响更加深远的东西，就是中原对北方民族的鼓励以及精神的认同和民族的认同。

第四，东北亚丝绸之路文化是最具鲜明地域特色的文化。这种文化的重要之处是与中原的紧密联系，这种联系促使一个民族不断地强大，不断地修正自己的弱点而学习对方的优点，促使一个地区、一个民族不断地强大起来。丝路的开启和使用带动了一个地域经济的繁荣和发展，马在驮运货物的同时也被各行业的工匠装扮起来，比如铁匠。铁匠首先就要给马打挂行走的马掌，这种马掌的打制手法在当时许多其他的国家都还不太清楚，这是珍贵的文化遗产。北方铁匠给上驮道的马所挂的掌钉俗称"抠钉"，这种掌钉要不深不浅地打制在马的蹄壳上，使马在踩到山石的时候不至于脱壳，其手法要求铁匠把铁烧制到一定的程度时迅速打制，才能使掌铁牢固地固定在马蹄壳上。木匠要为马打制驮架。驮架采用北方山林中黄菠萝树打制，黄菠萝树既结实而又有韧性，不至于使货物在马身上过多地摩擦造成对马的伤害。所以实际上丝绸之路开始使中原的优秀文化和先进的手艺，逐渐同北方民族的生存能力和智慧很好地结合在一起。

自古以来，北方民族基本上是以动物皮张和一种麻布所编的衣服遮挡风寒。丝绸之路的服饰文化也促进了皮艺文化的发展。制皮的手艺，从剥下动物皮张进行熟制、剪裁最后做成衣帽的生产方式，发展成开始使用织丝、刺绣等通过丝绸之路传入北土的制衣手艺。但是丝绸的产量不可能完全满足北方民族的生活所需，所以又大大地促进了人们对皮张熟制技术的改进。在丝绸之路繁荣时期，北方的东胡、肃慎、靺鞨、女真等许多民族，逐渐将皮张熟制手艺精致化，有了白皮和红皮作坊，能熟掉毛做乌拉，保留毛做端罩，等等，不同的皮张鞣制熟制所剪裁出来的服饰，备受朝廷喜爱。特别是在清代，皮张熟制手艺逐渐被清王朝带入中原，普遍流传到中原，这是丝绸之路鲜明的地域特色所产生的文化影响和文化辐射。

丝绸之路这个课题，是对接国际文化的一个课题，更是一个世界文化的课题，正像习近平总书记所说的那样，希望国际合作以丝绸之路为文化基点，从而连接中国和国际众多国家与民族共同进入文化和经济发展的历史阶段。

笔者考察东北亚丝绸之路——抚松别亮干山口

这本书的目的，是想从中原丝绸之路起点的长安向北，介绍曾被逐渐淡忘的东北亚丝绸之路，即经过今天陕西、河南、山东、辽宁、吉林、内蒙古、黑龙江等广大地区，连接到东北亚地区的西伯利亚、朝鲜半岛、日本列岛等地区。这使得丝绸之路的文化概念更加国际化，更加完整和完善。过去许多学者包括北方的学者，都在努力完善这一概念。冯骥才先生《人类的敦煌》中提到，在敦煌壁画中，在敦煌许多石窟中，在佛的表情和西域使者与供养者的诉说中，已经记载了北方丝路的内容，说明了在历史发展中北方民族把自己最突出的贡品贡入长安，又从长安传递至西域、中亚、西亚等地来往长安的商队手中，使得人参和北土的许多珍贵特产，与丝绸和陶瓷一样进入了丝绸之路。今天重提这个话题是想让人们知道中华民族文化遗产的丰富和多样，还有丝绸之路的文化遗产，其实是人类共同的遗产，是中华民族在久远的历史发展中所书写的伟大的历史文献。我们要保护这个文献，充分发挥这个文献的社会价值、精神价值和文化价值，让它能够在人类的历史上真正被世人所认知。

丝绸之路文化还具有一种鲜明的自然性，表现在人类对自然的探索积累下来的珍贵的经验文化。今天人类出行，已有很方便的交通工具，可是在远古时代只能使用人的脚和马的脚去丈量土地，去行走在山岭和峡谷当中，去穿越风沙和冰雪，去感受季节和光阴的磨洗。人对自然的认知和体会，都在丝路文化上得到充分的体现。而对丝路文化所遗留下来的众多的习俗、规俗、行话、隐语的研究在今天却是一个空白，这需要文化工作者不断去进行挖掘和抢救。丝路文化大量的传说、故事等口述文学也是人类最珍贵的记忆文化，可以在这个课题下，组织丝路沿线的各地各民族间的专家学者来进行共同的开发。人类的所有历史文化课题没有一项如丝绸之路这样广泛地连接东西南北各民族，但它在日益濒危，因此抢救它是我们的当务之急。

对丝绸之路文化需要更深入的认知。现在丝绸之路所连接的我国及世界各个地区、各个国家还没有很好地联系起来。许多城市的开发没有文化内涵，找不到文化的支撑点，没有意识到丝绸之路文化就在他们中间。许多地区盲目地开发其他的文化事项却恰恰没有注意自己的自身文化就是丝绸之路文化，人们没有在开发中找到自己；找到自己才能建立起文化的命题，也才能使自己的本土文化和地域文化更具有时代性、更具有鲜明的特色。丝路文化的课题具有调动世界更多地区和国家联合合作的可能性，这也是此书的重要意义和目的。

现在这条巨大的文化带展现在人们面前，无论是政治上的融合与团结，无论是历史上的交融与往来，无论是文化上的学习与借鉴，无论是民族间的发展与创造，丝绸之路文化都使我们深深地思考。我们完全应该主动地利用丝绸之路文化观念，借助这个重要的人类文化遗产的价值和精神力量，形成一种新的文化能力，以丝路文化形成的精神丝路文化、思想丝路文化、文化丝路文化资源，去推动中国地域文化的繁荣与发展。

第二章
东北亚丝绸之路的历史记忆

第一节　口述史

一、范从军口述

我从小在临江长大，后来在望江楼给本地人和驮帮们做麻布活，后来我父亲老了，他就把我领到了望江楼，在这里看守葡萄园。

望江楼，就是指山顶子上的那个楼子。那时候，从山里下来的木排子到这儿就是最大的卧子，所以又称这是"老排卧子"，排一来，人一多，渐渐地就形成了这个望江村了。

在这个望江村里住的都是招待木把的店。开始家家都是车店、旅店，再就是铁匠铺、木匠铺、麻绳铺、灯笼铺、布衣铺、果子铺、杂货铺，这都是给那些预备从这里上排去往"沙河子"（安东）的木帮们开的。从这里西去沙河子的木排各种各样的用物，什么衣服挂子、鞋袜吃食、排上的用品，都得在望江楼屯备齐，然后起排。

听老人讲，在大从前，更古的时候，丝绸之路沿途山里的驮帮，也叫"垛子"垛帮，专门运送特产，也就是给中原送贡物，也是从这儿上排子，上船渡海去往蓬莱，再从那换土垛子去往长安，也都是在望江楼备货。古时，这望江的山底下，全是马匹，都是等着上排子和船上去往沙河子的垛子。

这垛子的意思是人啊，牲口啊。天天都是人喊马叫的，也有的是等着从长安回来的人，再在这里往山里返，那些人一去一返得有个两三年或一年半载，所以这望江村就等于是他们的家了，他们在这租店住着，也有的干脆在山根底下盖间小窝棚住着，还有的干脆在这立了家过起日子来。

望江屯马帮、驮子、垛子都是木帮们的家呀，甚至有人一辈一辈子地在这儿生活，有的都生儿育女了。

东北亚丝绸之路——望江村

在这望江楼上，从前那是香火缭绕，整日有人上香，祝木排和船上的人平安到达沙河子，或渡海到达蓬莱。这望江地势高，又靠江边上，从这儿往远一看，又远又敞亮，一看老远。所以人说：

> 望江楼啊望江楼，
>
> 木帮梦中把它求。
>
> 大哥在这儿住一宿，
>
> 明天我就起身走。
>
> 天涯海角有一求，
>
> 平安到达沙河口。
>
> 回头再来望江楼，
>
> 亲手祭拜老把头。

范从军大爷，白山临江望江楼村村民，今年65岁，是村老户。现在看守望江楼村里的葡萄园。

二、崔成寿口述

提起东北亚丝绸之路，我们不知道，可一说"老朝贡道""老道槽子"，我从小就总听老人说。俺们丹东这地方，都是东北人，长白山里的木帮子回关里家，还有垛子去往蓬莱的中转地。

那时，这一带就叫"老卧子"，是指船的渡口和排停靠的卧子，也叫窝子或埠，就是船埠。

这个埠，水深，木排和船便于停靠，然后再从这儿上去，在这"海轮子"奔渤海，经过大鹿岛、小鹿岛、长兴岛，最后到达蓬莱。

蓬莱，即北仙境。海边山上有望海楼，远远能看见从海上来的一艘一艘的驮子，把长白山的土特产送到那里。蓬莱是最大的物资中转站，老鼻子（很多的意思）木栈、客店、车马店，一伙伙地打着灯笼在岸上等人装货物、组驮子。

组驮子，就是把东西装在马匹上。

驮子，都是一伙一伙的，讲究人强马壮。人要选年轻的汉子，能走土路，能穿越千山万水，奔往长安；马要选好嚼口的，齿全嘴利，可以嚼草，不计吃苦，多要选白色的和枣红色的马。还有就是"雪里站"。雪里站指万里马，没一根杂毛，可是蹄子必须雪白雪白的，这样的几种马，都吉利。

那时，整个丹东的口岸全是货库、仓库，都是长白山里的珍宝啊！那人参都是精选出来的大个老山参，六品叶以上的山货；皮张更贵重，那虎皮，听说在夜里都放着白亮的光泽；那松树籽，又大又肥，谁看了都馋掉牙！

还有海带，也叫"昆布"。一卷一卷，一捆一捆，不是咱们渤海、黄海的，而是东海来的稀罕物，还有大量盆蟹，像大洗脸盆子那么大，金光闪闪，肉又白又嫩，都是好东西。

丹东这地方，是名副其实的驿道、驿站的转换地，要说丝绸之路，这里正是一个"路"的节骨眼儿，我倒觉得这里很像是"茶马古道"上的丽江，真是这样。

崔成寿今年 57 岁，是丹东的一个市民。他家几代人居住在

31

这里，亲眼见证了老排卧子的兴衰史，见证了东北亚古丝绸之路的昨日历史。

三、韩忠义口述

俺今年95岁了，记得我是16岁从河北永年县来到沙河子的，那是1937年，当时我18岁，日本人抓劳工，从13岁到50岁，谁也跑不了，我一看，我正是被抓的对象，不行，干脆就跑吧！于是，在一个夜黑风高的夜晚，我偷偷地逃出屯子，直奔沙河子（今日丹东），直接奔我的一个早期来东北的兄弟家，从此在这儿站下了。

垛马队（关云德 剪纸）

那时，沙河子又叫"沙河口"，是放排的木帮们生活的据点，木帮木排子老鼻子了，他们成帮结伙地把木排停靠在这沿江的宽水卧子上，古时叫"排捂子"。（我："是该叫排卧子。"）对对，就是排停靠的卧子，或叫窝子，就是木排子靠岸人安歇，也买木头。那木头堆哪，水上、岸上，人山木海，空气中都是木头味儿，那是大山里的林子味儿，好闻哪。

还听人说，从前，那是大从前，这里就是山里的驮子、垛子下排上海船的地方。

那些"垛子"都驮着山里的种种特产，什么虎皮、松子、人参、皮张、海带，还有童男童女，都是要贡给唐王的，去往长安。它们从这上船，货物被摆在海栈子（也叫笺子———一种大的海船，苇帆，还有九尾帆）上，去往蓬莱，再从那儿登岸，再换成驮子，去往长安。

那马呀，垛子呀，渡海都害怕，所以沙河子又有经营人马的"店"，叫垛子店，有马匹，有人在此等，等候他们从海上回来再用。

你看那断桥（丹东岸边被炸的桥，是 1950 年抗美援朝前，美国把日本人建的铁桥给炸了，现在保留下来供人参观，也是目前丹东的一景），前面有个"帆"的雕塑，那下边就是木排，就是纪念这回事，长白山放排放到此地再上海船，走蓬莱。

我父亲和爷爷在世时总讲述这些故事，今天的沙河子老人一看这条鸭绿江，这些事就提起来了。这条江这个大海就像一个话匣子，把古老的事都记录在里头，一打开故事就多了。

（韩大爷今年 95 岁，是目前丹东最老的老人，他在晨雾中沿着本地的码头——老排卧子的岸上散步，于是我们攀谈起来。他的阐述真实又生动，他可称为一个历史的活化石。考察组与他合影，留下了人类的珍贵记忆。这是东北亚丝绸之路的重要见证人。）

四、孙春德口述

丹东从前叫沙河口，这里也是放木排的一个"哨"。哨，就是一种险滩。这我知道，这都是我老父孙献国讲的。我老父亲从前是丹东渡口上的码头工人，他在码头上干了一辈子，前几年"走"的（故去的意思。东北人管死叫走，是人对故去的人的一种尊重的称谓）。如果老父亲还活着，今年就该99岁啦！

他在时，家里穷，虽然爷爷拉黄包车挣几个钱维持生活，但烧的东西没有，于是父亲天天到码头上去扒树皮。

哪来的树皮？

长白山里的木帮们把木排从长白山里顺大江放下来，放到沙河口这个卧子上，等着出卖木头，于是也就有了树皮。

于是木排一下来，木排子停靠的老卧子上人山人海，大人小孩从半夜就在岸上等着扒树皮，一旦排子下来，人们手提铁铲子蜂拥般往木排上奔去，抢木头，占位子，扒树皮背回家去当柴来烧。

有时为了抢到位置，占领优势地形，常常把木帮的老把头们都挤到江里去了。

那时的沙河子，是延续了古时驮子帮从这上船渡海去往蓬莱，把东北的贡品——长白山的人参、虎皮、熊皮、狐狸皮、鹿皮、豹子皮、松树籽等送往长安的古俗。

一代一代的大江、大山的故事多了，其实也是人自己的事，我的爷爷、父亲到死都是和这条大江、大海有关。

北方有道有路，就是这条丝绸之路，人走在这条路上，人开始是不觉，可是后人一提起，才一下子想起，原来还有这么多的事。

我参加工作后想起爷爷、父亲，他们的生活都与这条大江和这个大海有关。

这真是：

> 江长海长水茫茫，
> 大江大海万里长。
> 想念家人岸上望，
> 一辈一辈常念想。
> 何时不会想？
> 除非断了肠！

（孙春德今年 57 岁，是丹东市的一个退休工人，他向我们讲述了自己所经历的关于丹东、鸭绿江和渤海的故事。他的讲述从家庭的角度记载了关于大江、大海与东北亚丝绸之路的记忆。这是一种珍贵的自然存在和历史存在。）

第二节　沿途考察摘记

一、石人

我们出发的时候，四野升起了浓浓的大雾。森林和早春的白雪都被这些尘雾所覆盖，但依然可以看见山林的轮廓。我们路过了石人和林子头。这两个地方都是古老的文化存在，清中叶，在刘建封勘察长白山的时期，曾经记载了它生动的来历，据传说记载，当年刘建封率人勘察走到这里的时候，见前面的山头十分热闹，并能听到有唱戏的，有吆喝卖山货的，还有些交易皮毛、松子等一些物品的。于是刘建封说咱们赶快去上前看看，咱们也买点儿东西随身带着吧！于是大家急忙往前走。

可是到了那儿一看，山上并没有任何人。人呢？大家上前去找，不见人，再一摸，每一块石头都出汗了，再一看，这些真像"人"，有老人、小孩、大姑娘、小媳妇，还有和尚、道士。所以刘建封当时笑着说，看来这是这些人看见我们以后隐退得太匆忙，汗还没有退去呢。这个古老的地名真实记载了长白山丰富的历史和文化，直到今天"石人"这个名字依然留在人们的生活当中。

二、土湖村

在接近西京鸭绿府（临江）一里左右的地方叫土湖，这里有奇异的山势。

土湖，不是湖，而是滑坡后形成的土层。

大山里，处处是陡坡，马帮和驮子总是行走在谷地，时时被滑坡所困扰。山和岩石在早春最易出现滑坡，这是因为冬季大雪覆盖了山岭，雪在石缝、岩缝间已填充饱满了，而一到了春季，就算不升温，风一刮来，风中春的气息和暖意渐渐地将冬雪吹成了小小的颗粒，那些雪，渐渐地透明了，阳光可以穿透照射进雪下，于是雪开始变色，由洁白渐渐地变成了灰、青或灰白，最后形成了水，于是山开始滑坡了。

山里的滑坡往往是一点点地发生，细细的土沙往往先"流动"，于是大块的石头也加入流动，甚至把大树也连根拔起，形成"土湖"。

三、遥林

这是人在观望前后的心态。

那时候，人们总是在遥望前方，山呀，路呀，道呀，但处处是林子，于是有了这个名。

这里又叫林子头，就是大片森林的起始。森林里的树都是一片一片地长着，往往一片全是一个树种，所以从一方望去，很像一个起头，所以称为林子头。

四、干巴河子

从抚松（从前的新安）去往唐和渤海时期的西京鸭绿府（今天的临江）要路过一个叫干巴河子的地方，干巴河子和榆木桥子曾经也有很多的记忆。

在这一带，从前有许多的木把村，这些木把在冬天头一场雪落地之后，他们开始了漫长的四个月的山场子活儿。他们带上刀具和大斧，牵着爬犁牲口走进深山老林去伐木，不许女人进山。

木把的山场子窝棚也常常是朝贡人的安息之所。很多朝贡人的马队，也经常在这里住宿或打尖，使得长白山山民自古形成了一种热情好客的风俗。

　　半小时左右，雾开始渐渐地散去了。群山的背影和残雪更加清晰地洒落在人们眼前。唐和渤海国时期的古驿道，两侧的这些山林和这些峡谷的走势，其实就是人类对时光磨洗的信号，它清晰地记载着历史和自然的变迁。干巴河子，其实是一条干涸的季节性河流。

　　在充满现代气息的高速公路之下，从前的契丹道明显地出现在我们眼前，这使我们感受到历史的沧桑。前面就是"老道槽子"了。

五、老道槽子与老道洞

　　地名，是人类文化最真实的记忆。所谓的老道槽子，恰恰是从抚松、新安开始奔往西京、鸭绿府、临江的必经之路，沿途完全是走在一个峡谷当中。古人把这个峡谷河边走出的小路称为道槽子，是极其形象的一种描述。

　　槽子，这是东北喂牛喂马草料的用具，以木头刻成，这种槽状恰恰是这里山谷所形成的一种自然的样式，两边群山林立，峡谷中道路非常的狭窄，恰恰是一个槽子状，所以古人称为老道槽子。看来人的智慧真是无所不能及，记忆能详尽留下历史。

　　在江源（三岔子）通往临江途中一个地方，山越来越高，谷也越来越深，当到达松岭村时，山更高了，峡谷更深了，山崖上有一排排山洞，大小不一，有的是山石生出的遮沿，石下平缓，可行走、坐卧，被称为"老道槽子"和"老道洞"。民间说，若干年前，这里有老道在其中打坐，当地人在年节或初八、十八、二十八有来上香和"讨药"者，所以这里原地名叫"老道洞"，可是，这里还有另外一个名字叫"老道槽子"，这就出现了这样一个疑问，这里从前到底应该叫"老道洞"还是叫"老道槽子"？

从自然状况来看，这里可以叫老道洞，又可以叫老道槽子，因为洞和槽子都有。可是，其真实来历和叫法的含义，究竟是什么？此地有独特的自然特征，特别是山谷底处平坦，一条古道弯弯曲曲从北至南、从东至西，从江源（三岔子）直达鸭绿江边的临江，历史上被称为"朝贡道"，是从新安驿（今抚松）至西京鸭绿府（临江）的必由之路，这已是确凿无疑的历史了。渤海国在几条主要交通干线上设置驿站，负责政令、军情的传递，往来官员、使者的接待，以及驿马的管理、车船保养等事务，而且建立了"乘传"制度，由驿站为来往官员、使者提供"传马"或车辆。

如此说来，这里（珍珠门、松岭屯一带）所单指"老道槽子"这个地名已确认无疑，但没有"老道洞"，问题是，这个"老道洞"是什么时候叫起来的呢？而且，这个"道"，到底是指"人"——道士，还是指"道路""老路"？显然，今天当地人习惯地将"老道"认为是修佛之人、道士或道人，是他们住的山洞、山崖处等，至于它的真实历史和来历，已经不再去探究了。可是问题就错在了这里。

一是人们往往把已经习惯的东西自然地联系在一起，经常只有道人守在洞中，所以称为"老道洞"；二是人们将佛道纪念日概括在初八、十八、二十八这些时段里，可以去上香、讨药，从

老道洞

事一些民间活动，于是就不再去思考其历史真实的来历了；三是
其"洞"的真实来历和用途由于时光的久远和光阴的磨洗已渐渐
被人遗忘了，于是，就被后来的文化现象一点点替代，成为人们
公认的一种来历而被后人接受、传承，也不再去追究其真实来
历；四是渤海国之后的1000多年来，北丝绸之路已废弃，再没
有马帮、驮队经过，渐渐地，"老道"之人在此居住，于是僧道
的观念就完全取代了"老道槽子"的观念，"道路"的概念彻底
为"僧道"的概念所取代，所以，"老道槽子"地名就彻底成为

"老道洞"地名了。

纵观两个地名的源流我们已清晰发现，其历史符号和文化符号的"道"字，应该指"道路"——也就是"朝贡道"而言，而不是因为有僧人老道驻其洞而称为"老道"。据当地人认证，松岭村和珍珠村本有自己的"老庙"在村里，后来此庙毁于战火，僧道才搬迁入"洞"，他们是洞中后来之人。当地人又讲，只是在清末民初，洞中才渐渐地来一些僧道，这更证明了先有"洞"后有"道"的历史分析。所以这里的"老道"不是指人，而指一条"老道""老路"之意，是指自然存在的道、路，而不是指人、指僧尼、指道。可见，历史已误解了多年。

就松岭屯来说，其实它是一个闯关东移民形成的村屯，松岭屯原名应该叫老道槽子，早在唐渤海国时期，松岭屯便位于朝贡所经之处，至今村民仍口耳相传老道槽子朝贡道上的历史。松岭屯大部分居民源于历史上三次规模较大的移民。第一阶段为清初的"闯关东"移民，关内居民为谋生存，来到老岭山脉中人迹罕至的松岭，开始聚居；第二阶段为抗日战争时期的"劳工移民"，日本侵略者为了掠夺中国东北地区的矿产、木材等战略资源，将山东地区的大量中国劳工用诈骗、强掠等方式迁移至此，强迫劳工修建鸭大线铁路；第三阶段为近代的"投亲移民"，1958—1961年的三年经济困难时期，山东地区的农民为了躲避灾荒，来到松岭屯投亲靠友。经过三次大规模移民，基本形成了具有浓厚传统关东文化特色的松岭屯居民聚落。

松岭屯整体风貌具有鲜明的中国东北地域文化特征，这种特征说明当年此地应该已具有自己的自然特征和历史特征。松岭屯的房屋依山而建,环绕着老秃顶子山分布。其中,村庄中至今仍保留着大量典型的关东民居。这类民居院落由"三大间""霸王圈""高脚苞米楼子""木质门楼""院杖子""柴火垛"等部分组成。院中多放置石碾,且另开辟小块菜地。"三大间"屋中放有石磨,炕上置有"炕琴"箱。这种传统关东民居建筑使用了极具东北地域特色的传统工艺修建而成,形成了依山而建的建筑特点和生活习惯。"三大间"的房顶是由稻草铺成,房屋的梁脊柱以木老岭山脉中特有的松木制成,墙为使用黄色草拌泥制造的土坯垒砌而成。另外,松岭屯的关东民居"窗户纸糊在外"的做法是"关东三大怪"之一。松岭屯的"霸王圈""高脚苞米楼子""木质门楼""院杖子""柴火垛"使用了中国东北地区的木作工艺。

西北距村中心两公里老岭山巅处有松岭老爷庙遗址。老爷庙相传为唐朝时所建,属四合院式青砖青瓦建筑。经考察,松岭老爷庙遗址占地面积约1200平方米,由四合院拥围而成,庙宇建造面积约为180平方米(解放初期,道士圆寂葬于院中西南角),"文革"后庙宇坍塌,后被农民耕地占用约600平方米,断壁残垣被当地村民起砖拆除。现仍有部分青砖脊瓦尚存,青砖是长方形,长约32厘米、宽约16厘米、厚约6厘米,虽经数百年风吹雨打仍质地坚硬,敲击有声无酥粉迹象,背脊瓦亦是如此。

这样的村子,其实不可能不与这个重要的"老道槽子"有千丝万缕的联系,"老道洞"更不是一个天然的远古自然遗存和文化遗存，那么，另一个问题也同时出现，这个"老道洞"当年是干什么用的呢？它与老道槽子又是什么关系呢？目前能知道的是，此地称谓的真正来源应该是老道槽子，而老道洞的老道不是指人，而是指道路。一段消失的历史记忆——历史之道，朝贡之道，这个"道"的含义，清晰地被自然和地名记忆保留下来，我们在使用地名时一定要清晰掌握其自然来历和历史来历。

六、五人把

沿着历史上通往西京鸭绿府临江的五人把路行进，我们来到了五人把村。五人把村是从前朝贡道上的放山挖参人所居住的村屯。五人把，就是指五个把头在这里居住。周边还有其他的地名如三人把、单戳儿等，这些都记载了这条古路上的历史文化，我们称为古道的贡品文化。因为这条丝绸之路所运送的最重要的贡品之一就是人参。那么放山的人被称为把头，又是一种东北的地域语言的组合。把头、巴图、巴特尔、把图，通通都是英雄的意思。

通过与蒙语、契丹语、女真语相融合在一起的把头称谓，我们可以充分地感受出北方多语言多民族文化的融合痕迹，这个融合过程留在历史和文化上的痕迹，在这条古道上处处都有体现。

七、松岭

松岭地区位于东经 126°11′ ~ 127°35′，北纬 41°27′ ~ 42°4′，为临江市花山镇珍珠村的一个自然屯，最高峰海拔 1420 米。整个松岭村村民散居在老岭山脉。

松岭地区属于北寒温带大陆性季风气候，是白山地区较为寒冷的地区。冬季漫长且寒冷，多西北风；夏季短，炎热多雨，多南风；春季干旱多风，昼夜温差较大，多西南风；秋季朗爽多晴天，多西北风。最高平均气温在 7 月为 24℃，年极端最高气温为 36℃。最低平均气温在 1 月为 −22℃，年极端最低气温为 −34℃。平均降水量 880 毫米，多集中在 6—8 月中旬，占全年降水量的 60%，暴雨期在 7 月下旬—8 月上旬，8 月下旬—10 月上旬多为晴天，冬季冰雪覆盖率达 95% 以上，覆盖时长 4 个月，全年日照时数为 2000 小时以上，初霜在 9 月上旬左右，终霜在次年 5 月中旬，无霜期为 110 ~ 120 天。

松岭屯位于长白山腹地，由于山高谷深，冬季雪大冰厚，村民外出十分不便，每到年节，村民便就地取材，利用冰雪制作冰灯、雪灯已成为一项传统生活习俗。

同时，松岭屯的老百姓在这种艰苦的自然环境下，文化生活非常单调，春节期间为了使孩子生活得有声有色，老人们想了很多办法，其中就包括制作爬犁、雪橇、冰灯、雪灯等，尤其让孩子们喜欢的是冰灯、雪灯，它是由当时的木脸盆、木桶作为模具制成的大小不一的冰灯。

在制作时，先把木桶（脸盆）从中间锯开，然后用树皮绳捆上，浇入水，中间放入苞米瓢子，冻实后把苞米瓢子弄碎后解开树皮绳，便以成形，然后贴上剪纸，放入豆油灯或点上蜡烛，挂在门斗下两侧、板杖子、苞米楼子、窗台之上，形成了松岭村独特的过年习俗。

夜晚点燃的冰灯

　　该村的杜大爷、王大爷等人是制作冰灯、雪灯的能手，每当过年，家家户户都会悬挂上冰灯、雪灯，使得这项手艺成为长白山区鸭绿江边重要的传统村落文化遗产。

　　松岭地区盛产草莓、人参、山野菜。松岭雪村的木把文化、关东民俗文化以及红色教育文化为松岭雪村注入了朝气勃勃的文化活力。

八、三道阳岔

　　三道阳岔形成年代相当久远，这里是唐代朝廷大军通往长白山边陲收复边地的重要通道，当年为了筑路走兵，所以开辟此屯，建立成军事驿站。后来到了近代大批朝鲜民众迁移此处，形成新屯至今。

三道阳岔因其地貌而得名，村中谷多峰多，而且有许多奇特的山峰，六道沟的瀑布十分壮观优美，山中动物很多，有熊、虎、貂等，适合动物繁衍生存。特别是由于火山形成的石窝，大小不一，窝中含水，可供蝲蛄、蛤蟆等生长和生活。

石　窝

这儿的人家主要从事种植和采集，种植以黄烟为主，有许多种烟大户。三道阳岔村森林资源非常丰富，森林覆盖率达到89%。野生资源有山参、天麻、灵芝、五味子及各种山野菜100余种。该村民以种地为主，其所产大米，由于水质好，气候适宜，品质高、口感好；由于森林资源丰富，林下经济发展较好，现在林下山野菜发展到1000亩，山参野化2000亩，封沟养蛙2000平方米。从事种植和采集是村民的主要生产活动。

三道阳岔村端午节有自己独特的民族和地域特色，每当节日来临时，村民除开展朝鲜族传统节日运动荡秋千、跳板、摔跤之外，最具特色的是村民要在这一天到该村独具特色的自然景观石

野生五味子

窝千镜滩去采集艾蒿、猪牙草等防暑中草药，并捕捉蟾蜍来制作一年当中生活所需的常用药材。

石窝千镜滩距该村 4 公里，上游七道沟河冲下湍急的水流，经过千百年的冲刷，在此形成了方圆 2 公里左右的石滩，石滩上有千余个大小不同的石穴、石窝、石洞，有的像碗，有的像盆，有的像盅，十分奇特壮观，而且每一处石窝中都蓄满清水。山里的蝲蛄、蛤蟆等都在其中繁衍生存，优质的水源和奇异的石窝、石镜为村民提供了享受自然生态的良好去处。近年来，村民主动保护生态环境，不再采捕蟾蜍，但每到端午大家仍到这里来采集山菜、聚餐、跳民族歌舞、观赏石滩美景，享受自然生态风光，展示优秀的民族文化，这已成为三道阳岔村朴实的民风民俗。

这个村还有一道独特的长白山瀑布，有非常壮观的石林和奇特的火山景观"石窝宝镜"。

三道阳岔民俗村落总户数 168 户（现居住 90 户左右），总人

村民采集的山菜

口 336 人，其中朝鲜族人口占95%以上。这里以山地为主，境内
群山起伏，全村地势北高南低，由北向南逐级下降。具有温带大
陆性季风气候特点，冬季冷而不寒，夏季热而不燥，七道沟河在
村东南面蜿蜒而过，旧村依山傍水、风景秀丽、气候宜人、四季
分明、人情醇厚。

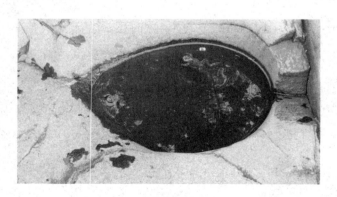

石窝宝镜

三道阳岔老村西侧有一棵古松树，是山上一道独特的风景
线，大树周围是村民耕种的地方，每当遇到干旱或者洪涝，村民

们都会在树下祭拜、求雨，村民们视大树为村落的保护神。东距三道阳岔新村 4 公里处有一片石林，位于四道阳岔，高 20 米，宽 150 米。是具有柱状节理的玄武岩经风化作用、流水侵蚀和崩塌形成的地貌景观，其下部以挺立的石柱为基，上部以横卧的石条为顶，清晰展现了火山喷发时溢出的熔岩流。东距三道阳岔新村 3 公里处有由 6 道瀑布组成的瀑布群，最高的瀑布高 38 米、宽 60 米。从悬崖顶端的崖口溢出的流水，在绿色植被的掩映下似碎玉穿缀。春日中，山上的金达莱花竞相开放，美不胜收。

东距三道阳岔新村 3 公里处的瀑布

而七道沟河又是一座古码头渡口，正是古丝绸之路的集散之地。

九、花山

　　丝绸之路进到一个叫花山的地方，这个名字是从前朝国道上的人起的，还是马帮们亲眼所见所留下来的呢？这些其实都无人所知。但是我们今天经过"花山"见到这个名字和这条路，穿越这个村庄时，恰恰是在春夏之交。雨季没来，正是山花烂漫的时刻，可以充分感受到当年马帮经过这里时的心境。

　　在花山这个地方，今天养蜂人家很多，人们说，这里古代的时候蜂蜜特别出名，就是今天家家依然以养蜂、酿蜜为业。我们可以想象，恰恰有了各种花儿，才引来了蜜蜂；有了蜜蜂，也才有酿蜜的人家，而渤海国向长安所进贡的重要贡品当中就有蜂蜜。所以可以想见，这个名字一定和古道具有深深的联系。这种联系从远古传承至今，也使我们充分地感受到自然给人类所留下的许多文化记号和文化的记忆是多么的鲜明和准确。

　　这条古路上所留下的一切都是历史的信息，都是文化的符号。今天我们看到的这些地名，就是留下了唐朝以来的驿道和丝绸之路文化的存在。如花山就说明了这样的一个道理，因为只有酿出来蜜以后才能够通过古道的这些马队和驮帮将它们贡送到长安。有了充分的销路，花山作为蜂蜜产地就会出名，产自花山的新鲜蜂蜜在驿道沿途就会贵很多，这恰恰是一种时尚……说明这种经济一体的概念其实在古时已被人们充分地接受和认知了。

　　在古驿道的一旁，突然有一块巨石出现在那里，这块巨石，已被人们用红布缠裹起来，巨石上还有许多的树枝上也挂满了红色布条。当地很多的人，在考大学之前，家长认为孩子不好养活的时候，就亲自到这块石头面前来认这块石头为"干妈"或者"干爹"，据说这样孩子就好养活，就可以考上大学。

这种古老的观念其实正是人类对自然崇拜的一种观念，这种观念也是人的一种进取心，人希望有外界的力量来促使自己成长，因此从远古时期开始人就对自然充满了深深的敬仰。我觉得这不是一种迷信的表现，这是人类社会认知传统的表现。人类在认识传统的时候往往是希望得到古人对自然认知的经验，从这种做法我们可以感受到人类思想的走向。而这石头恰恰是丝绸之路上的人的一种思想观念从远古文化传承到今天的一种文化的存在。外出，朝贡，人生处处会遇到危难，人要预知将要遇到的事情，人要有思想准备，人虔诚感恩自然会减少危难，这就是人对自然崇拜的最初原因。

每到传统的年节的时候，当地人就会排着长队到这块石头前来认干妈、来进贡，大家都排不上号。这习俗为什么会这样兴盛，会这样延续下来呢？其实这与丝绸之路文化有重要的关联。丝绸之路传承了远古时期人们对自由的渴望，人们希望得到中原和外界的各种信息，因此在这条道路上人们对各种信息传递得很快，人们在选择路旁的石头和大树作为自己的亲娘干娘来认知、来朝拜也恰恰反映了丝绸之路人们对文化的渴望，这种渴望其实从远古默默地传承下来，印证了今天人们对自然的崇拜依然存在。我觉得这样的一种现象在别处不是普遍存在的，这是丝绸之路文化现象。当然，很多人也来这里，观望这种文化的现象，品悟历史的印迹，了解从前的生活，使今天的生活充满了活的内涵，这正是一种文化存在、是一种旅游风情。

长白山区的渤海人若走营州道，可以在松花湖上泛舟，登上回跋城（今辉南的辉发城），远眺回跋江上的秀丽风光。再沿辽东、辽西的丘陵远行，沿途随时可以狩猎取乐，还能获得丰富的猎物，采集到许多的山货。

契丹道最有风趣的莫过于沿江行走。牡丹江百转千回、秀丽多姿；明代新筑的长城在山岭和河谷间蜿蜒起伏，好似一条游龙；松花江波涛汹涌，气势澎湃；伊通河细浪涟漪，渺渺细雨；东辽河涓涓流水，无语西奔；西辽河来自松漠，黄水奔腾，消逝在远方。

流经沙坨林地的辽水，咆哮呜咽，到了这里，人们便弃舟陆行，顺便攀登东北亚第一名山——医巫闾山，东望大海，西望群山，海誓山盟，各民族间永世和好。从营州去幽州，有秦始皇修筑的万里长城，天下第一关，雄伟壮丽；碣石迎击海涛，还有姜女庙。

北土的许多物产如骆驼，松花江润红的东珠、北珠，挹娄貂、夫余貂、鞣鞨巾，还有松鼠皮、银鼠皮、虎皮、豹皮、熊皮、罴皮、火玉、赤玉、端牛角、端角弓、墨攻，都来自内蒙古大草原，还有一些高头骏马和骆驼。来自苏尼特的骆驼最出名，苏尼特骆驼是蒙古草原上重要的骆驼的品种，是双峰骆驼，毛色有白、黄、灰，这种骆驼性格孤傲，特别是在早春交配的季节，每一头公骆驼都显得非常的威武，它们经常自己欣赏着自己的面容和公性的气魄。它们迎着平原上的狂风把自己的尿滋在尾巴上又不断地撩起，把尿洒在它的后驼峰上，一层层冻结起来的尿冰又高又硬，闪着亮光，这是在显示它作为雄性骆驼的本性的威武。这个古老的物种，在北方丝绸之路这条道路上，绵绵不断地经过鸭绿江到达渤海，再从渤海上船，到达蓬莱，然后再从蓬莱，到达洛阳和开封，奔往古代的长安。这些东北府地的特产，千百年来就是这样走向了世界。

十、临江

接着，北方的这条古道就到临江了。

临江，就是2000多年前唐和渤海国时期的西京鸭绿府，这儿是水路、陆路的起点和终点，从这里开始，驮帮们将告别脚下的陆路，乘船直下，奔往渤海，沿途还要经历多少风霜雨雪才能到达他们踏上海船的另一条道路。

一片沧桑的古树出现在通往望江楼的路上。这些古树上挂着早春的寒霜，记载了临江这块土地的古老和沧桑，人们可以见到大江和丝绸之路古文化留给人们的记号。这片古树仰望着远处的大江，对面一江之隔就是朝鲜的村屯了。

十一、铜山村

丝绸之路连接着许多重要的文化遗址。

厚雪覆盖着连绵群山，鸭绿江已封冻，由于河道落差较大，江面不能完全冻住，江中间的水依然弯弯曲曲流淌，江水与两岸白雪形成鲜明对比，黑白相映，偶见一只一米多高的野雕落在江面的冰雪上，时而展开巨大的翅膀沿江飞翔……

四野安静，寒气袭人，望江楼古峰在鸭绿江边默默地矗立着，仿佛是在向人们述说着远古以来自然和文化的历程，这儿就是临江六道沟镇古渡口，也是唐和渤海时期古冶炼工业的遗址。

铜山村老铜矿

我国青铜的冶炼与制作，过去很长一段时间里人们一直以为只在中原和西北地区的山西、陕西、甘肃一带，因那里靠近丝绸之路。在战国前后，大量的青铜器具用于生活和战争。但是，经吉林省文物考古研究所等单位近几年对临江六道沟一带的落铜山村、错草村、南岗村、曲柳村、三道沟村、望江楼村等村落考察挖掘，发现古冶铜遗址两处，一处古防御处，另一处古铜矿，出土文物20余件，两件碳标本经中国社会科学院考古研究所测年为646年±42年，正在渤海国纪年之内。而且这里集开采、冶炼、运输、居住、埋葬、防御等重要功能为一体，是一处庞大而完整的东北亚丝绸之路冶铜文化发生地。

古矿遗址集中在今临江铜山村。铜山，就泛指那一处的大山都含铜。

在铜山村，人们在向导的带领之下，一入村口就发现了远古采铜的"狗洞子"口（小井），横在山梁上，远处是一处处"竖井"，还有唐和渤海之后历代人延续开采的痕迹，包括日伪统治时期开采和解放后通化铜矿的老矿设备，山上高高地耸立着巨大的卷扬机和由于历代开采形成的塌陷区地表……这些，都在默默地向今天的人们述说着久远岁月之前的矿业文明，如今，它们在风雪中沉默着。

由铜山村翻山向西，就攀上了岗顶的错草屯和曲柳村，这里便是古冶铜场遗址了，只见一处处废铜渣伴着白雪堆在那里，雪中，脚下处处可见灰质泥陶、灰陶、褐陶、夹沙褐陶的碎片，还有大量冶炼时形成的金属气泡石、焦炭块石等遗物和大量古墓与人类居住遗存。

据铜矿留守处的侯书记和曲柳村高月壮书记说，古时，这儿有一万多名采矿、冶炼、运输的奴隶，常年在此劳作，早出晚归，每日钻进深深的矿洞，以柳条筐背上矿石，又在一处处的泥炉前冶炼，然后再背着铜锭踏上运往三道码头的山路，将铜锭运出去，到达码头，装船去往鸭绿江运往中原，而这正是东北亚丝绸之路的重要内涵，它表明了古老的长白山文化深远的历史和自己与众不同的身份和厚重的辉煌。

由古冶炼遗址出发，我们沿古运输老道进入南岗村。

南岗村的魏大爷套好了牛爬犁等着拉着我们沿运铜古道去往

三道码头古渡口，因沿途人要一直在山谷之中上上下下，不好走，但是我们十分兴奋，大家决定重走一次长白山文化的远古之途，充分体会古丝绸之路的滋味儿。

坐上牛爬犁去三道沟村

古道苍凉遥远，我们坐上牛爬犁，沿着山谷离开了南岗村落，去往另一个古老的村落三道沟村。爬犁的木框压着山里厚厚的积雪发出吱吱的响声，黄牛的蹄壳踩着崎岖的山路不停摇晃，我们有时被拖得不得不从爬犁上栽歪下来，小路两旁的冬季枝条不时地抽打着我们的脸，但是，我们体会到了远古时期奴隶们背负铜件的艰辛，他们劳作、生活的场景，那一幕幕影像，已经被时光磨洗得无比模糊和久远了。

运铜古道，引发了我们的无尽联想，其实，这条运铜古道完全可以在今天得到合理的开发。人们面对远古时的文明和文化，往往不知从何处下手去进行保护和开发，如南岗村到三道沟村这条 10 公里之遥的古代运铜山道，穿越了长白山茫茫的森林、峡谷、山坡、湿地，景观无比丰富，如果开发旅游，可以在冬季坐爬犁，夏季骑马或牛，从此路穿越，去感受和体味人类远古的文明，近距离触摸长白山文化的存在，多么生动啊！

这说明，我们长白山区、鸭绿江流域有自己久远的文化和生动的内涵，我们今天所抢救、保护、传承的，也正是这些文化。

到了古运铜道的尽头，三道沟村古码头已在眼前，再从这里向前，就到了鸭绿江边的望江楼村了……

茫茫的长白山在严寒的冬天，显得更加沧桑、更加壮丽了。

这种自然的美丽和文化的厚重，使得这片地区更加具有了自己的能力，一种人类千百年来所努力创造并形成的能力，就是人类的精神遗产和物质遗产。

十二、夹皮沟

夹皮沟村位于长白山腹地，鸭绿江右岸的二级阶地上，北临鸭绿江，南靠老虎山，气候为海洋型（湿润型）北温带大陆性季风气候，全年盛行西南风，形成了适于植物生长的气候条件，具有种植黄烟得天独厚的自然地理环境。

夹皮沟村地势东高西低，森林茂密，河谷狭长，地势低平，

今天的夹皮沟

气候温和，村境内山峦叠嶂、高原台地、山川河谷交错分布，素有"八山一水一分田"之称。夹皮沟村依山傍水、风景秀丽、气候宜人、四季分明、人情醇厚、关东风情浓郁，具有"临江小江南"之美誉。

早在明代，采金人便在此栽种黄烟，清时期从上游放排来的木帮，每到六道沟排卧子处都要带上几把黄烟上排，使得夹皮沟黄烟声名中外。夹皮沟黄烟在清代是当地的重要贡品之一。夹皮沟烟农在长期不断栽培过程中积累了丰富的经验，从育苗、除草、打杈、掐叶、晾晒、扎把、压捆、粉碎、装口袋直至进入市

场和千家万户，形成了独特的栽培和加工技术。六道沟镇夹皮沟
黄烟以其良好的自然条件、独特的传统种植及晾晒工艺享誉国内
外，成为公认的具有独特地域特点的省内标志品牌。夹皮沟黄烟
的传统种植晾晒工艺历史悠久、传承有序，成为吉林省重要的非
物质文化遗产之一。

夹皮沟黄烟加工

到黄烟大量上市的季节，进村收黄烟的车辆南来北往，家家
户户忙不过来。夹皮沟黄烟烟叶以其色泽金黄、醇香味美，被誉
为"赛中华"。在收获的秋季，采割下来的黄烟一捆捆、一扎扎，
鲜黄味香，惹人喜爱。放眼望去，那晾晒黄烟的烟架，铺天盖
地，从各家的院子里一直铺展到山坡上，煞是壮观。

十三、挡石村

路边出现一块巨石，当地人称"挡刀石"（磨石），这里流传着唐朝的大将军薛仁贵奉旨东征驻军鸭绿江边时的一个传说。

据说有一天，突然探子来报敌军已经来到了这里，于是他匆忙乘马，率兵上前，突然觉得刀不太锋利，长这么大他的刀还从来没有不快过，这可不行，这有碍制敌。于是他左右环视，突然发现一块巨石卧于山脚下，他便飞马骑奔到那里，将刀在那石上一挡，就见火花暴起，顿时这口大刀青光四射，寒气逼人，于是他精神抖擞，威风大振，挥刀冲入敌群，前后腾跃，钢刀上下翻舞，无人敢敌，很快大获全胜，从此以后，人们便称这块石头为挡刀石，把这个村子称为挡石村。这个古老的传说也是东北亚丝绸之路上的一个重要的文化存在。

东北亚丝绸之路——挡石村

今天，临江望江楼的旁边就是挡石村了，除了古代传说当中的薛礼征东在此磨刀之外，在望江楼的山壁之上，我们还可以看见山上岩石间有许多小庙和石洞，里面供奉着一些木牌，这也是这条古道上的历史和文化，那是人把作古的先人供在了这里，是让后人学大将军为国争光……这是一种企盼之情，也是一种家国情怀。

十四、望江楼

在古驿道的水路起点望江楼，考察组在这里找到了本村的范丛军大爷，他家族几代人都居住在望江楼。望江楼这个地方所有人都是木帮，在从前的岁月里，大江上漂来的所有的木头都要在这儿拢排、休整；所有的垛子都要在这里等待着上船，结束陆地旅途，踏上江上旅途。

我们看到路旁边有一片空阔的大地，足足可以放上千匹马驮。今天已经变成了葡萄园和贮木场。

村口有座坟，面对大江，埋着的是村里一个叫王德山的大爷，是本村的老户。我们站在他的坟前，想象起从前的岁月，他和他的祖辈们就赶着驮帮结束了陆地旅途，在这里踏上了江和大海之路。如今这里已经是一个工厂了。

望江楼整个贮木场和驿道连接及驮帮所居住的驿站，是一个西侧面临鸭绿江，足足有三十垧地大的大洼，足见当年此地驮帮麇集，在此休整准备上船的空前盛况。

61

东北亚丝绸之路——望江楼

十五、大栗子村

离开望江楼，下一站就是了大栗子村。

大栗子村是当年溥仪离开长春之后逃亡避难的地方，他在这最后的居住地的生活也表明了清王朝最后的结局。我们今天是走在历史的记忆当中，在古老的文化中穿行。

十六、苇沙河

苇沙河地处临江西南部鸭绿江中上游，与朝鲜民主主义人民共和国隔江相望，全镇幅员面积268平方公里，国际线长22.5公

里，辖五个行政村两个社区，有居民 2195 户 6642 人。1935 年实
行村制；1946 年与三道沟划为一个区，临江县为第四区；1966
年 3 月撤区成立了人民公社；1984 年 3 月撤销人民公社成立苇沙
河乡；1992 年 10 月撤乡建镇。

东北亚丝绸之路——苇沙河

苇沙河是鸭绿江上一颗璀璨的明珠，人杰地灵。其实所说的
人杰地灵，是指这里是全国劳动模范宫本玉的故乡，但它也是古
老的丝绸之路上的一座重镇。

从望江楼到大栗子再到苇沙河，再到下面的三道沟，都是从
前唐和渤海国时期的古老的重镇。它们见证了沧桑古道的历史，
到今天成了东北亚丝绸之路上的一个重要的文化摇篮。

从错草沟出来之后再经过横路岭，就到达了一个叫白马浪的
地方。

十七、白马浪

白马浪是从前驿道上重要的文化存在，千百年来所有的木排和船行走这条路线都会有劫路的人等待在白马浪。在白马浪这个地方所有的船和垛子到后，都要预备着答对前来劫道的人并给他们准备物品，要给他们留足物资和钱财，不然休想通过白马浪，古代流传至今的歌谣记录下了这个历史，显示了刻在文化中的深深印记。

> 白马浪白马浪啊，
> 十人到此九人丧。
> 要想通过白马浪，
> 只能你把钱财上。

要预备好自己的"过路费"，就像今天的高速公路"收费站"一样。但是那个时期收费的就是当地的一些土人山人，他们就依靠着这些来生活，所以又叫吃排饭的。白马浪哨口是害人毁排的地方，许多木把在此葬送掉性命。

白马浪这个地名也会有关于驿马的记载，在这条道上，有许多小地名就叫驿马、驿窝棚、驿脚、驿夫卧子等，而"马"，正是人对这种记忆的概括，把浪花形容成如"马"奔跑一样，那是一种奔腾的样子，白马浪更加形象地描述出浪的颜色和浪的形状。

历史和文化如果有记忆，该是多么生动啊。

十八、大长川村

考察组从白马浪出来之后，不久就进入一个叫大长川村的地方。

左侧宽阔的鸭绿江冰封百里，反射着银色的光，映照着古村，这个古村给人最突出印象的地方是村旁放着的那些网垛，大大小小、奇形怪状，每一个网垛都记载着岁月的沧桑，仿佛使我们看到了从前的马帮在行脚的间歇期间，和当地的渔民一同打鱼，一起大吃他们刚刚网上来的鸭绿江里鲜嫩的河鱼的情景，这些久远的记忆都通过这条古老的丝绸之路串联起来了。

就在我们考察的时候，耳边不时地传来早春鸭绿江冰层开裂的咔咔的响声，那空旷的响声，在寂静的山林间回响着，是那么久远的回响，使人想到在若干岁月之前，也许那些马帮踏着冰雪行走的声音也是如此，从这里通往遥远的大唐。今天我们走过的一切都是时光经过了岁月的磨洗，我们在这里所有的停靠也是让自己的思想停靠。

在我们停下来之后，会让自己的思想走进更远古的记忆，充分去感受古老的地域文化留给人们珍贵的文化遗产，这是生动的文化遗产，是人类遗产保护中的最重要的珍品。

十九、金银峡

一位古代的驿夫走到这里，走不动了，马也走不动了。马长年劳累，腿筋经常紧抽，于是鞭打不动，这时惊动了一个老人……

老人的家，紧靠着道边。他听鞭抽马声，推门出来看一看是怎么回事，于是说："差人，你等候片刻。"就见老人回身进了院。

那时是初冬深秋，庄稼都已收完了。

老人家墙头上夏天爬了一层黄瓜秧，眼下也已枯黄，被霜打死了。只见老人顺手拔起一片黄瓜秧，用手扯掉秧，只留下经霜的根，然后烧开水，把霜打的瓜秧根用开水一冲，在一只马料桶里"晃"。晃啊晃，一袋烟工夫，水已温热，老人拎出来对驿夫说："让马喝下！"

驿夫听话，立刻饮马。那马连喝两桶。

又过了一袋烟的工夫，那马"噜苏苏——噜苏苏——"打了两个响鼻，没事似的上路了。

后来，人们说：

> 金银峡，金银峡，
> 黄瓜秧根专去麻。
> 如若人马抽了筋，
> 一煮一喝就那啥。

那啥，土语，完事、完活、治好了的意思。

这金银峡一带，盛产中草药，家家会使"偏方"，都是大山和地里的药材。这也是驿道上的"绝活"，许多驮帮都领教过这一手。

二十、下三道沟

横路岭与下三道沟处有榆岔岭，从谷底渐渐往上去的地势，足见当年马帮行走的清晰坡度。山时而在"滑坡"，泥、土、石头、树根子哗哗往下淌，道上已堆满了山坡。

山坡，又称"山泥"，这是泥石流的又一别称。

二十一、滴台

丝绸之路，是故事之路。

一个名字记下的记忆是最准的。这个"滴台"，有说是满语，有说是女真语，可是当地的王大爷说，小时候，老爹给他讲了一个故事，有一个老太太，领着七八个儿子过日子，男人死得早，她就拼命干活，一辈子没出过屯子。

那时，家穷，有一口吃的，老母亲都喂了孩子，她啥也舍不得吃，大冬天的，她的脚冻得出现了"冰口"……

冰口，就是一个一个张开的血口子，往外滴血。母亲为了不让儿子们知道，就自己用线缝，可还是裂。

有一天，母亲正在她家院里棚子边上的一块石头上缝那些血口子，正巧让回来取工具的小儿子碰见了。儿子拿起地上母亲的鞋一看，那鞋又薄又破，底上没有东西，人等于直接站在冰上、雪上，脚不裂才怪呢！

于是儿子毅然脱下自己的鞋要给娘换，娘却说："你们在外边干活的人，不能没有鞋啊！这事，千万别告诉你哥他们……答应妈!"

小儿子哇的一声哭啦!拼命地点头。

后来,娘死了。儿子们每每看到让娘踩出的有血痕的石头,就想起娘,于是,这个地方从此就叫作"滴台",是娘滴血的石台。

二十二、三棚湖

一棚,山人称一道台,是指地势、山势。三棚,就是三道台。峡谷里的山路虽然看上去是在谷底走,但有些地方的地势会渐渐抬升,河流进了石缝或山洞,人马已无法从河穿越洞谷,于是上了台地。

二十三、滑石矿

山,是石头的仓库、宝库。

一座大山,并不是只有一种石头或几种石头,它往往有百种、千种、万种,而长白山,简直是石头的集大成者。

长白山的石头有多种质地,古时的松花江石、长白山石、黑曜石、鸭绿石,都是一些珍贵的石源,而且被历代的帝王将相所喜爱。其中最让世人所羡慕的便是"松花石"了。

松花石,又分"石"和"砚"。清顺治年间所建的松花砚监造处,曾经雕造出了大批古松花砚台,如今已成为传世之宝。

二十四、马市台

马市台是靠近丹东的最后一个哨口了。

这儿的水势凶猛，江深风紧，两岸青山封锁，浪头翻着白花，而且是一哨连一哨，过了三哨才能进入"马市台"。三哨是小哨，马市台是大哨。"三小哨好过，马市台难行。"这是老木把的形容。

马市台哨，水底陷窝较深，水有吸力，木船和排到此上下打晃，一会儿抛上，一会儿抛下，弄不好，排头钻水，人和排都有危险。

马市台从前叫"虎山"，是因为旁边的一座山形像虎，因而得名。由于关东的大马市在此交易，逐渐变成了繁华的市井之地，特别是上游的木排都要来此停靠，一时间，家家变成了"半掩门"和"海台子"，专门打木把的主意。而木把们也这样说："木排来到马市台，木把不愿再回来。"可见这儿对木把们纠缠得多么紧。

二十五、铁匠屯

这个地方，叫铁匠屯。专门有铁匠打制铁活。

冬季，在严寒的北方，江河结冰之后，冰面就变成了通途，夏天走船的水路，冬天成了平坦的大道，但那是"雪道""冰道"，不易人走马踩，可是为了赶路，垛夫们往往也得上"道"。

冬季上"道"，就要给马挂冬季的"掌钉"，那是一种带翅膀的"刺钉"，又叫"蝴蝶钉"。

山里一到春夏，就起蝴蝶了，道上的人观察到蝴蝶飞翔时翅膀一打开，可以成为一个平面，于是想到了驮马脚下的钉，就发明了这种掌钉，但是要由铁匠去完成。而这种挂"翅膀钉"的"掌"也不同，工具也要独特。被称为"掌"的都是按每匹不同的骒马蹄壳去配打，一般需要不同的锤、钳和"掌漏子"。

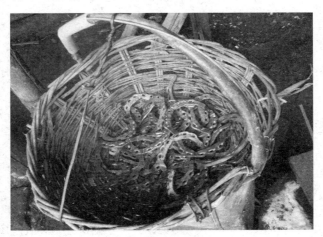

朝贡道上为垛子马挂掌的铁匠炉遗址

二十六、萨其城山城

北丝绸之路与渤海文化的考察之旅，使我们走进了丰富的地表文化遗存中。早春，在残雪已悄然化尽、雨季还没到来的时节，笔者与富育光先生、张璇如先生一同赴毛岭口（今珲春），考察唐和渤海时期的文化，走进了萨其城山城（又称沙其城老山城）。

珲春是古渤海国旧地，在通往大海的平原上，突然间凸起一座山岭，那便是古萨其山，萨其城就在这座山上，它的东南便是今珲春满族自治乡杨泡乡，这儿又是著名的满族剪纸艺术发祥地，满族剪纸艺术家蔡景珍便世代生活在这里。

珲春杨泡满族乡

　　一进乡口，便可以见到乡门还有道两旁的灯柱子上都高高地悬挂着蔡景珍的剪纸"十二生肖"，这是远古的渤海文化遗存的传承吗？那萨其城山城上确确实实存有渤海建筑遗存，如今城址还清晰可见。山上不但有古道，还有城墙的遗存，还有两口古井。鲜明地保留了古渤海国建筑的风格，体现出文治武功的建筑特色。

　　所说的文治武功，一是指渤海城邑以山城与平原城相结合，往往在军事要塞附近的山上构筑城堡，以驻屯重兵，扼守要地，易守难攻，成为附近平原城的卫城，既可抵御来犯之敌，又可退入山城避难；二是指渤海靠武功创下基业，以文走向富强，让其建筑规模宏大，美轮美奂，气势磅礴。

　　目前已知，在北方丝绸之路广大范围内共有山城与平原城遗址130余处，其山城多随山依势，化成天然。或坐落于峰巅，或围以石墙，建于群峰之间，以石块砌墙将峭壁连起，内有练兵场、驻军营房、老井、蓄水池，军事目的十分明显，但具有一种古建筑的民族风格和历史气息，是今人参观访古的珍贵处所。

中京、上京和东京的王城和王宫城，整齐规划，靠北朝南，宫殿宏伟高大，威严壮美，分别饰以花纹砖、花纹瓦当、釉瓦、螭首、鸱尾、铜铁饰件等，呈现出高超的艺术水平，尽显文治武功风姿。

在通往中京、上京和东京的交通要道附近山上，皆修筑起山城，以驻兵扼守，作为王都的卫城，如中京南有八家子山城、上京西有城墙砬子山城、东京有萨其城山城等，分别对靠近的王城和通关的驿卫、丝路形成捍卫之势，这才使渤海成为真正的"海东盛国"。

这些都会让人感受到，北土通往西地长安的丝绸之路虽然遥远，但又相近，是一种心灵上的相近。

第三节　东北亚丝绸之路沿途地名明细

任何一片土地，都拥有自己的历史，我们走在长白山的老林间，望着那茫茫的丛林和深深的草窠儿，以及一条条隐于其间、湮没了足迹和车辙的古道，甚至想象不到，在千百年之前，恰恰是这块土地上这条不起眼的路连接了中原，连接了古老的中原丝绸之路，连接了在世界文化史上被人称为中西方文化发生地的中亚和西亚。

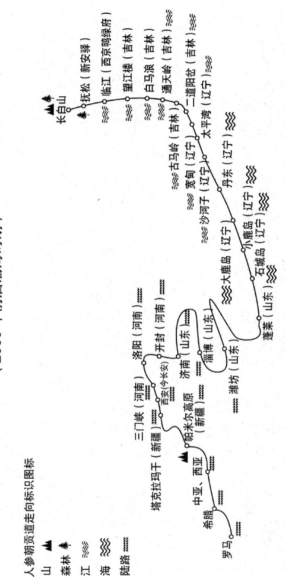

（2000 年前唐渤海时期）

人参朝贡道走向标识图标

山　▲

森林　♣

江　≈

海　≈

陆路　‖‖‖

东北亚丝绸之路走向图

今天的东北丝绸之路地名列表：

1. 镜泊湖（黑龙江东京城）

2. 龙井（吉林）

3. 和龙（吉林）

4. 露水河（吉林）

5. 敦化（吉林）

6. 安图（吉林）

7. 抚松（新安·官道岭，吉林）

8. 大营子（吉林）

9. 汤河口（吉林）

10. 三岔子（吉林）

11. 石人（吉林）

12. 林子头（吉林）

13. 干巴河子（吉林）

14. 遥林（吉林）

15. 珍珠门（吉林）

16. 老道槽子（吉林）

17. 松岭（吉林）

18. 二道阳岔（吉林）

19. 五人把（吉林）

20. 花山（吉林）

21. 老三队（吉林）

22. 青沟子（吉林）

今天的二道阳岔

今天的五人把村

23. 临江（西京鸭绿府，吉林）

24. 六道沟（吉林）

25. 铜山村（吉林）

26. 错草村（吉林）

27. 南岗村（吉林）

28. 三道沟（吉林）

29. 夹皮沟（吉林）

30. 挡石村（吉林）

31. 望江楼（吉林上江船）

32. 马鹿沟（吉林）

33. 满天星哨（吉林）

34. 老母猪哨（吉林）

35. 黑驴子哨（吉林）

36. 跑马子哨（吉林）

37. 谷草垛哨（吉林）

38. 梨树沟哨（吉林）

39. 黑瞎子哨（吉林）

40. 马面石哨（吉林）

41. 长川哨（吉林）

42. 大栗子沟（吉林）

43. 大白哨（吉林）

44. 四人把哨（吉林）

45. 小葫芦套（吉林）

46. 苇沙河（吉林）

47. 鸡血沟（吉林）

48. 金银峡（吉林）

49. 错草沟（吉林）

50. 白马浪（吉林）

51. 二马驹哨（吉林）

52. 龙山湖（吉林）

53. 大长川（吉林）

大长川村的网垛

54. 天桥沟（吉林）

55. 仙人洞（吉林）

56. 小长川（吉林）

57. 三道沟（吉林）

58. 二道沟（吉林）

59. 头道沟（吉林）

60. 滴台（吉林）

61. 将军台（吉林）

62. 江心岛（吉林）

63. 石湖沟（吉林）

64. 石板铺（吉林）

65. 满天星（吉林）

66. 白桦岭（吉林）

67. 秋皮沟（吉林）

68. 望江村（吉林）

69. 良民甸子（吉林）

70. 三回腔（吉林）

71. 猪油瓶哨（吉林）

72. 花葫芦上套（吉林）

73. 花葫芦下套（吉林）

74. 壁新子（吉林）

75. 蒿子沟（吉林）

76. 坎下（吉林）

77. 黄柏（吉林）

78. 上解放（吉林）

79. 下解放（吉林）

80. 集安（吉林）

81. 通沟（吉林）

82. 麻线（吉林）

83. 上活龙（吉林）

84. 斜沟岭（吉林）

85. 下活龙（吉林）

86. 太平江口（吉林）

87. 五道岭（吉林）

88. 大路（吉林）

89. 朱先村（吉林）

90. 老虎哨（吉林）

91. 大甸子（吉林）

92. 凉水（吉林）

93. 通天岭（吉林）

94. 外岔沟（吉林）

95. 大阳岔（吉林）

96. 大东岔（吉林）

97. 古马岭（吉林）

98. 二阳子（吉林）

99. 二道河子（吉林）

东北亚丝绸之路——吉林、辽宁分界点

100. 下露水（辽宁）

101. 尖沙子（辽宁）

102. 步达远（辽宁）

103. 花脖山（辽宁）

104. 太平哨（辽宁）

105. 振江（辽宁）

106. 永甸（辽宁）

107. 硼海（辽宁）

108. 宽甸（辽宁）

109. 河口（辽宁）

110. 太平滩（辽宁）

111. 东洋河（辽宁）

112. 太平湾（辽宁）

113. 古楼子（辽宁）

114. 九连城（辽宁）

115. 上尖（辽宁）

116. 马市台（辽宁）

117. 沙河子（安东·丹东，辽宁）

118. 大东沟（辽宁）

119. 庄河（上海乘海船，辽宁）

120. 大鹿岛（辽宁）

121. 小鹿岛（辽宁）

122. 石城岛（辽宁）

123. 大长山岛（辽宁）

124. 广鹿岛（辽宁）

125. 蓬莱（山东）

126. 潍坊（山东）

127. 淄博（山东）

128. 济南（山东）

129. 开封（河南）

130. 洛阳（河南）

131. 长安（今陕西西安）

第三章

东北亚丝绸之路的人文印记

第一节　贡品文化

这里所说的北丝绸之路上的贡品，都是最主要的贡品。

一、人参

人参，是唐和渤海时期的主要贡品之一，但要得到人参往往会经历许多奇遇。

在长白山的老林子里挖人参，什么奇怪的事情都能遇上。贡道新安驿（今抚松）漫江屯的李书记放山时就遇到一个奇事。他说有一回，他和一伙人上山挖参，他想，自己头一回上山，先当一回"端锅"的吧，于是就留下了。

所谓端锅，就是上山后，别人都上山去拉帮压山（寻找人参），这个人要留下来给大伙烧水、做饭、看守棚窝，所以叫

"端锅"，这也是一个重要的活计，但往往由于上不了山，所以就发现不了人参。可是其实在山上挖参，能不能挖到不在于和大帮进老林子，而在于有没有福分，或者说有没有机遇，这话其实一点也不假。就说这次吧。

当时，快到晌午了，山上的人快回来了，端锅的就烧水准备做饭。那时烧水，都用自己带去的盆子。烧时，在盆子上插一根棍儿，烧开时，只要人把耳朵贴在棍儿上一听，只要水发出嗡嗡的响声，小棍微微地发抖，那就是水已经烧开了。

挖参工具之一

当时，端锅的就听声了。

他听声时，也是把耳朵贴在草棍上，弯下腰去，斜着脸去听。

这种姿势，其实人的眼睛已接近了草根和草梢。他听着时，眼睛从草梢上这么一望，呀，他怎么看见旁边有一棵人参呢！那儿不是有一棵人参吗？

那真的是一棵人参，而且顶着红红的榔头花。

83

其实，这棵人参就长在他们住的窝棚边上，可是，平时大伙早出晚归的，一慌一忙，谁也没注意，现在，要不是他蹲下去细心听这"水"声，也发现不了啊。于是，他急忙"喊山"。

他喊："棒槌——"（人参）

然后，自己要"接山"（旁边没有别人时的一种民俗过程）

"几品叶？"

他自己又回答："六品叶！"

于是，把它"抬"（挖）了出来。从此，端锅的"听声挖参"的故事就在孤顶子一带传开了。

该着这人参谁发现就能谁发现。

还有一回，有一个人在山上挖参，来了一泡屎，就赶快去拉。谁知他刚蹲下，就见不远处长着一棵人参！于是赶快跳了起来，屎也忘了拉了，急忙去把这棵大人参挖到手。

朝贡人参的文化，其实是丰富的自然文化。

二、松子

据民俗学家赵春兰考证，松科植物果实可以食用的树种有红松、偃松、华山松、马尾松等，它们的分布地区不同，红松主要分布于中国东北的小兴安岭和长白山脉，偃松分布于中国东北的大兴安岭，华山松主要分布于中国中部至西南部高山，马尾松分布范围最广，遍及全国各地。其中红松的高度可达50米，树龄可达600～700年，种子千粒重350～600克，均优于其他松树，加之红松树种珍贵，所以红松子更受到人们的青睐，被称作松实，别名"海松子"。明代的《本草纲目》写道："海松子，释名新罗松子。"书中的"海松子"图片上又写着"五鬣子"。红松子的营养价值早已被古人所认知，成书于西汉时期的《列仙传》记载了赤松子、偓佺、伏生、犊子等人吃松子长生不老或成仙的故事。所以松子被唐王定为贡品。

收录于宋朝《太平广记》的晋朝葛洪《神仙传》中也有赵瞿吃松子成仙的故事。唐李珣的《海药本草》最早记载了松子的保健及药用价值，"味甘美，大温，无毒。主诸风，温肠胃。久服轻身，延年，不老"。因为松子的功效，所以被历代的统治者所看重，从唐朝到清末漫长的历史时期里，长白山松子一直是各个朝代的主要贡品。在社会记忆的长河中，长白山松子的贡品史只是其中的一朵小小浪花，让我们采撷这朵浪花，穿越历史时空，探寻国内和朝鲜半岛松子贡品的发展轨迹，揭示它的文化内涵。

长白山松树

长白山松子作为方物用来朝贡始于唐朝，唐圣历年间

（698—700 年），满族的先祖粟末靺鞨建立渤海国，"渤海居勿吉故地，山海林虞之利，出其羡余，以事各国。世人贵远贱近，轻易重难，此帮产物，遂每为各国所珍视"，开始把它作为方物朝贡。这种状况持续到后唐庄宗"同光三年（925 年）二月，渤海国王大谭撰遣使裴璆贡人参、松子、昆布、黄明、细布、貂鼠皮……"从唐中宗神龙元年（705 年）至后唐明宗天成元年（926 年）期间，渤海国入唐朝贡 94 次，松子是主要的贡品之一。松子也是渤海国献给日本的主要礼品之一。朝贡"一则输本邦之货，以应外人之求；一则辇外邦之货以济国人之用"。渤海国地处偏僻的东北，距离唐朝的都城和日本路途遥远，交通不便，朝贡使者"涉霜露，冒风涛死者接踵，其志弥厉，往往去以十数，返仅一二"。但朝贡"为其国命脉之所在，苑枯之所系。故合众力以赴之，蹈百死而不辞欤"。松子贡品在藩属国维护与宗主国的政治关系上起到了重要作用。

在渤海国向唐朝朝贡松子的同时，与我国东北接壤的朝鲜半岛在新罗时期也在向唐王朝朝贡松子。朝鲜北部和我国以长白山为界，同样盛产松子。宋朝吴聿的《观林诗话》记载："唐人多作五粒松诗，有以五粒为鬣者。大历时，监察御史顾惜《新罗国记》云：'松树大连抱，有五粒子，形如桃仁而稍小，皮硬，中有仁，取而食之，味如胡桃，浸酒疗风。'然则松名五粒者，以子名之也。"松子在朝鲜半岛作为贡品的历史同样悠久，"中朝朝贡制度正式确立于唐朝和新罗"。唐初，新罗贡使经常走水路入唐朝贡，由浙东明州、扬子江口、楚州、海州、登州都可以通往新罗。但"登州牟平县唐阳陶村之南边,去县百六十里,去州三百里。从此东有新罗国,得好风,两三日得到",所以登州海道最繁忙。新罗贡使从新罗王城出发,到达长口镇,然后沿朝鲜半岛西海岸北上到达都里镇,再经渤海海峡和庙岛群岛到达登州(今山东蓬莱),登陆后直奔长安。从《册府元龟》《旧唐书》《新唐书》等记载来看,这个时期,新罗入唐朝贡的次数达到17次。第二个时期是高宗仪凤元年至昭宗乾宁元年(676—894年),新罗和唐朝的朝贡制度恢复,朝贡活动更加频繁。据付百臣先生统计,整个唐朝时期,新罗朝贡的次数达到96次之多,但由于史料对新罗朝贡的品种和数量记载粗略,无法确定松子贡品的详细情况。陶穀《清异录》曰:"新罗使者每来,多鬻松子。"可见,新罗使者在把松子用来朝贡的同时,也夹带进行商业活动获取利润。到了后晋时期,高丽朝贡松子的记载较为明确,"后唐明宗天成四年(929年),高丽国王王建遣使广平侍郎张芬等五十三人来朝贡,银香狮子香炉……人参、香油、松子等"。后晋开运二年(945年),高丽朝贡"……细中麻布一百匹,人参五十斤,头发二十斤,金银地铁文剪刀一十枚,金银细缕剪刀二十枚,金银细缕剪髭剪刀一十枚……金银细缕钳子二十枚,香油五十斤,松子五百斤"。

渤海国在926年被辽灭亡后,原渤海国统治下的靺鞨部落成为女真族的主源。辽初,女真人势单力孤,还没有形成女真族,"所产人参、白附子、天南星、茯苓、松子、猪苓、白布等物,并系契丹枢密院所营"。女真人频繁进贡于辽,从天显二年(927

年）到天显十二年（937 年），女真进贡达 14 次。女真人不但向辽朝贡松子，也向强盛时期的宋朝朝贡松子。金建立政权之初与北宋修好之时，松子是觐见礼品之一。例如重和二年（1119 年），"女真发渤海人一名李善庆、熟女真一名小散多、生女真一名渤达，共三人，赍国书并北珠、生金、貂革、人参、松子为贽。同马政等，偕来朝觐还礼。以十二月二日至登州，遣诣京师"。

　　宋朝在接受女真的松子贡品的同时，也接受高丽的松子贡品。"（高丽）广、扬、永三州多大松。松有二种，惟五叶者乃结实。罗州道亦有之，不若三州之富。方其始生，谓之松房，状如木瓜，青润致密。致得霜乃拆，其实始成，而房乃作紫色。国俗，虽果肴羹亦用之。"松子作为贡品主要是在宋神宗时期两国重新互通贡使以后。宋神宗熙宁五年（1072 年）八月，高丽民官侍郎金悌等百余人贡方物：金器、弓刀、鞍辔、马、布、纱、纸、墨、人参、松子……熙宁九年（1076 年）十一月，高丽工部侍郎崔思谅来宋谢恩，朝贡腰带、金器……人参、松实、香油、药物、铜器。元丰三年（1080 年）正月，高丽国王王徽为感谢宋神宗遣医官携药治病，户部尚书柳洪、礼部侍郎朴寅亮等百余人来宋谢赐，贡生中布两千匹、人参一千斤、松子两千二百斤、香油二百二十斤、鞍辔二部、细马二匹、骡钿装车一辆等。但这次因为在海上遇到风暴，失去了全部的贡物。南宋建炎六年（1132 年）闰四月，礼部员外郎崔惟清等十七人来朝贡请修旧好……生原罗五匹、人参二十斤、大布二百匹、松子二百斤。

　　高丽王朝和中国的朝贡关系一直维持到明朝初期，李氏朝鲜取代王氏高丽后，继续维持和明朝的朝贡关系，松子仍是朝贡的重要方物之一。（朝鲜）太宗五年七月，黄俨、韩帖木儿、杨宁、奇原出使朝鲜，横征暴敛，太宗被迫"赠黄俨苎麻布一百三十五匹，石灯盏三十事，席子十五张，松子三石，骏马三匹，貂鼠裘一领，角弓一张，箭一桶，及凡所须人参、厚纸、山海食物，无所不具。其余使臣以此而降，俨始大喜"。朝鲜端宗大王三年闰九月，明使者金宥、金兴等赍敕封诏谕冕服出使朝鲜，"宥等言欲得海青及长广龙凤席、细麻布、干松菌、沉松菌、松子进献，请须预备"。

明政府在从朝鲜接受松子贡品的同时，每年从女真所处的老营地也征收松子。女真定期向中央政府缴纳贡赋，他们带着明朝政府颁给的敕书或印信，从指定的贡道入贡，经过检查允许才能进入京城，入城后住在专门为朝贡设置的会同馆。明中叶后商品经济有所发展，女真人巧妙地抓住这一有利商机，入贡之时携带大量的土特产品，进贡之后，剩余的物品在京城街头进行出售。女真人同朝鲜一样，也看到进京朝贡可以获得较大的经济利益，所以他们进京朝贡也十分积极，不但朝贡的次数越来越多，而且朝贡规模也越来越大。例如，努尔哈赤的六世祖猛哥帖木儿曾在永乐二年至宣德八年七次亲自入京朝贡，他还多次派人进京朝贡。努尔哈赤本人也于万历十八年至三十九年八次亲自入京朝贡，还屡次派遣大臣进京朝贡。努尔哈赤的弟弟速儿哈赤也曾三次入京朝拜明帝。女真人"借贡兴贩，以规厚利"。

清朝时期，采集松子贡品的任务除了由打牲乌拉总管衙门承担外，在乾隆五年（1740年），清政府又设立打牲乌拉协领衙门，辅助打牲乌拉总管衙门采集松子。采集人员包括原来的采蜜丁和新采蜜丁，还有纳音河遣出的牲丁，共二百人，后来又增到四百五十人。"历年过了白露节，打牲乌拉上三旗共出派骁骑校三员，委官三员，领催三名，珠轩头目和铺副十八名，打牲丁四百五十名。乌拉协领衙门派丁一百五十名，协助打牲机构采集松子，其兵丁由打牲官员统一指挥。共派官丁六百二十七人，分为三莫音（队），由将军衙门给每队发一份过关凭证，往赴拉林、拉法、冷风口等处采集松子。"

清初"打松子者，入阿机中伐木取之。木大塔多者，取未尽，辄满车。往时不甚贵，近取者多，百里内伐松木且尽，非裹粮行数日不可得"。为保护生态环境，清政府对伐木采集的行为加以明文禁止，"东三省每年所取松子、松塔，非将松树伐倒不能采取；若如此，竟将大树伐倒，不惟逾伐逾稀，尚与情理不合，实属可悯。将此著东三省将军总管，以后无论旗民采捕松子、蜂蜜，务须设法上树，由枝取下，不准乱行伐树，从此一体严禁"。为鼓励采集者上树采集松子，嘉庆十七年（1812年）规定，凡上树采塔之人发给老羊皮五张，自制皮衣和皮裤用作劳动服。

清政府征收松子贡品主要用于祭祖和日常食用，每年分两次运送京城，九月运送一次，十月运送一次。九月白露时节，松子刚刚成熟，松仁鲜嫩清香。清朝对祭祖非常重视，为表虔诚之心，内务府规定松子贡品必须在十月一日前由驿站送到。把采来的松子装入黄布口袋，派委骁骑校一员，珠轩头目、铺副二名负

长白山松子

责运送。用来祭祀新宾的永陵、沈阳的福陵和昭陵的松子，直接
由驿站运送到辽宁新宾和沈阳，在北京用作祭祀的松子直接运送
到北京。十月时运送的松子已经完全成熟，适合日常食用。《打
牲乌拉志典全书·打牲乌拉地方乡土志》为我们描述了嘉庆十七
年恭送两次松子的情况：

> 又十月内，恭进二次松子八千七百余斤，松塔一千个，敬装
> 麻帘布袋；出派骁骑校一员，委官一员，珠轩头目、铺副五名，
> 连口袋箱囤等，共计重一万四千八百五十余斛。装载驲车，每车
> 定例六百斛，共用驲车二十五辆，呈送都京总管内务府，呈交内
> 外果房，以备供用。

关于松子贡品的史料为我们勾勒了长白山松子贡品的发展概
貌。通过上文的论述我们可以看到，在中国古代，松子贡品不但
为藩属国维护和宗主国的政治关系起到重要作用，而且是长白山

土特产在朝贡贸易发展中的历史缩影。另外，长白山区世居的满族先民一直依赖于采集经济，松子贡品经济发展的同时也伴随着松子采集习俗的发展，所以说，松子贡品的发展史也是丝绸之路文化的发展史，也是松子采集习俗的发展史。

三、虎皮

虎皮极其珍贵，是当年渤海贡往唐朝的重要贡品之一，但要获得虎皮十分不易。

据猎手李玉和讲，有一年，新安驿（今抚松）的孤顶子屯人上山打虎。

那时，上山打虎都是一帮子人，大家领着狗，住在山里的一个木屋子里。

一天晚上，只听狗叫个不停。

而且，那些狗一个个都往炕上跳，往猎人的身上扑，吓得直哆嗦，嗷嗷叫，不是好声。狗这是怎么了呢？

当时，李玉和的父亲李现会觉得奇怪，他于是推开窝棚门走了出去，可是到门口一看，我的妈呀，把他吓了一大跳，只见在外面漆黑的雪地上，有两只眼睛锃亮。

这是什么物呢？

当时，他不会打枪。于是就喊会打枪的一个猎手老刘。

他喊：“老刘……老刘……”

老刘听了，说：“干啥？”

李现会说：“快，快来！”

老刘听了，立刻拎枪出来了。

老刘当时在黑暗中，也看不出什么。他自言自语地说："这是什么呢？"

李现会说："管他什么，快开枪吧！你没看狗吓得都拉尿啦……"

老刘说："好吧。"

随着他的话音刚落，他"咣……咣……咣……"地开了三枪。

只听对面"嗷……"的一声，一个东西放倒了。

大伙点上火把上去一看，啊，是一只老虎。

只见它的爪子、尾巴上让套子给勒出了三道坑。它是让猎人给套住了，但又吃不着别的东西，饿了，就去吃狗，结果狗给猎手报了信，这才打住。

这叫三排虎，不太大。大的叫八排，那是巨虎。一般人得不着。

在长白山老林里，虎如不受伤或被套住，往往猎手根本靠不到近前，猎手也不敢轻意勾火（扣动扳机）。这之后，大伙也挺心痛，因那虎是伤虎，不应开枪。但如对方袭击人是另一回事。在长白山里，人们讲究"老虎如无伤人意，刀枪之下留虎生"，这是一句古语。但从前，虎皮是贡品，不打不行啊。

四、貂皮

貂皮极其珍贵，是当年渤海贡往唐朝的主要贡品之一，但要获得貂皮十分不易，貂是一种十分奇特的动物。

相传，从前有一个猎人，他在林子里追赶紫貂，土话叫"撵大皮"。

大皮，是貂的别名，是指这种动物的皮毛很贵重，从前皇爷、贝勒、格格们穿的最上等的服饰便是貂皮做成的各种衣裤。就连皇帝的套袖也是貂皮。据说这种皮袖不沾水。一旦皇帝与客人交谈有了口水，便暂时吐在袖筒里，然后再伺机趁人不备一甩，便走了……

但捕貂很不易。

撵大皮要从寒冷的冬天开始。

严冬，当第一场雪落地之后，雪地上发现了貂的踪印，于是猎人就在这个地方修一个小院落，里面挖好陷阱就开追。这一冬天，猎人都要在貂的身后追赶。直到第二年春天或夏初，迟迟的暖天来了，山上雪快要融化了，山路也快泥泞了，貂于是回到出发时的地方，一下子掉进猎人早已挖好的陷阱里被逮住了。

这就叫撵大皮。

貂，叫"大皮"，是说它的皮张很珍贵；大，是指皮子是"上等""头等"之意，所以称为"大皮"。但捕获它是一种非常不易的狩猎活动，猎人要充分地掌握它的脾气习性和生活规律才行。据驿道上的猎人邹吉安讲，有时候捕它还要先找"倒木"。

倒木，是老林中最常见的一种躺倒在草上的树木，它往往倒在林中，上面长满了青苔，貂很喜欢走在上面，一是捕捉些小虫、蛤蟆、林鼠什么的；二是它又认为这种倒木上的青苔无法留下它的脚印。所以猎人正是掌握了它的这些个习性和心理才去抓捕它。

猎人在捕它时，要先在这种倒木上面立一个"棍"，这个棍旁拴上一个小木，使小棍和小木之间形成一个小门，像一个出口……

这个小口，正是按照貂的习性所留。

长白山紫貂

小口上，要有一根小绳，那是用带子锯，在倒木上掏出的一个卯，这是留给貂的机关。

这时貂来了。

这种动物行走时往往小心翼翼。它一边走，一边注意哪儿有"路"，在这唯一的一条道（倒木）上，它只能躲着"物"，找宽绰的地方走。当看见倒木前方上的"小门"时，它愣了一会儿，从左边走，不好走；从右边走，也不好过，只有通过这个"小门"，才能顺利地走到前边宽阔的地方去，于是它便毫不犹豫地向"小门"冲过去了。

可是，这样一穿，它的身子，特别是头，一下子被套子套住了。它一急，一挣，又一下子从倒木上滚落下来，可是却落不到地上，而是被"套"着吊了起来，这叫"貂套"，又叫"吊套"，是指用这个办法捕貂可以把貂吊起来捉住的意思。

这个手艺完全在于木头楔子。

其实那倒木上，已被带子锯掏出一个细小的小槽，人和动物肉眼看不清，掏好后，将楔子——一个小木头片塞进去，可是当貂走时，它急于通过那个"门"，脚却绊在了楔子上，一下子"犯"了，套吊起来把自己套住了。这在从前是"撵大皮"的猎人常用的办法。

五、昆布

昆布，就是海带，采昆布，又称拧海带。是指到东海（今珲春）去专门采这种海产，因之珲春以东的大海又被称为"海参崴"，是说这个地方盛产海参，而由于这个"崴"（巨大的海湾）处自然海况良好，不但产海参，海带也非常出名，而且又大又长又厚，吃起来其味甘醇鲜美，是中原大唐的特需贡品，所以自从唐和渤海以来，渤海国的"昆布"（海带）就成了珍贵贡品。

贡送到大唐长安的昆布先要由采海丁乘船去海上，手持一种二股叉，一见海带，便下叉叉住，然后开"拧"，就是将手里的工具不停旋转，这样海带就会一圈圈地缠在工具上，等达到一定长度，再使割带刀一铲，使海带根以上部分被铲下来，根和下部留在海底岩石上，这叫"不伤根"，不能"好吃不留籽"，这是采海带人的品质。这称为"拧"海带。

海带拧上后，用船载回到岸上，放于草上晾晒。

晾晒时，要在强烈阳光下晒 3～5 天，待菜里的盐分全部暴出，然后拂去表面海盐，开始"打卷"。

打卷，就是将海带由一头开始卷起，一叶形成一卷，以细麻绳扎捆，称为"昆布卷"。这时，将这种"卷"再在草地上阴干，让风吹刮三日，去掉湿湿的水分，然后再"打捆"。

打捆，又称打包，每五十卷为一捆，是那种严严实实的长方形"昆布捆"，以备上马、上车驮走，运往大唐了。

昆布捆，是以芦席或蒲草打包，外以粗麻绳捆扎，十分结实，抗压抗摔，可抵住万里长途的运送而不走形、不走味儿，十分鲜美，具有浓浓的东海气息，是西土大唐和东亚、中亚非常喜爱的东土珍品，每年北丝绸之路都要把昆布贡送到大唐长安。

六、白附子

白附子，又叫"关夫子"，是长白山里的一种草药，而这种白附子，是长白山里一种独特的"毒药"，又名洋火头花、软条、草瑞香、瑞香狼毒，又叫"断肠草"。

此草为多年生草本毒草药植物，高 20～45 厘米，根圆柱形。茎丛生，平滑无毛，黄绿色，单叶，互生，多密集于茎上部，无托叶，叶柄比较短；叶片长圆形状，披针形或狭卵形；先端纯，基部狭楔形，全缘，两面无毛，背面叶脉明显，头状花序顶生。花多数，萼长呈现花冠状，白色或黄色，带紫红色，萼筒呈细管状，先端五裂，裂片平展；雄蕊 10 个，成两裂着生于喉部，子房上位，上部密被细毛，花柱短，柱头头状。果是卵形，包子贮存于萼筒内。种子一枚，花期 5— 6 月，果期 7— 9 月。

这种毒草药生长在长白山老林里的沙质土上，根是毒药。

此草药在采后先上锅蒸，然后以石杵捣成药泥，装入瓷罐中，以牛皮封好，运往长安。

古时，这种毒药用时，从罐中抠出，抹于刀剑的刃面，交战时只要刺于对方，便可"见血封喉"。它与海南岛的"乌树"（也与东北的白附子有共同功能）一样，用于战争，杀伤力很强。

每年，唐和渤海人要将长白山里的大量白附子采来后，经过细心加工，然后装在固定的坛坛罐罐里，送贡到长安，这自古已经成为著名的贡品了。

七、儿女口

在唐和渤海时期贡送中原的贡品中还有"儿女口"一项，就是贡送童男童女。一般在 8 ~ 12 岁的男童女童，称为"入唐生"。以"儿女口"为供在北方丝绸之路中早已被定为主要贡品之一，在日本与中国的历史交往中也有这种记载。

《三国志·魏书·东夷传》中载：景初，二年六月，倭女王遣大使难升米等诣郡，求诣天子朝献，太守刘夏遣吏将送诣京都。其年十二月，诏书报倭女王曰："制诏亲魏倭王卑弥呼：带方太守刘夏遣使送汝大夫难升米、次使都市牛利奉汝所献，男生口四人，女生口六人，班布二匹二丈，以到。"

儿女口垛子（关云德 剪纸作品）

正始元年，太守弓遵遣建中校尉梯俊等奉诏书印绶诣倭国，拜假倭王，并贲诏赐金、帛、锦罽、刀、镜、采物，倭王因使上表答谢恩诏。其四年，倭王复遣使大夫伊声耆、掖邪狗等八人，上献生口、倭锦、绛青缣、绵衣、帛布、丹木、短弓矢……其八年……（倭女王）壹与遣倭大夫率善中郎将掖邪狗等二十人送（带方郡塞曹掾史张）政等还，因诣台，献上男女生口三十人，贡白珠五千，孔青大句珠二枚，异文杂锦二十匹。

这是反映在东北亚丝绸之路早期的珍贵历史文献（见《东北

亚丝绸之路历史纲要》，刁书仁、李树田、杨旸、傅朗云主编）中的记载，到唐和渤海时期，渤海人进贡唐时依然有"儿女口"。那些"童男童女"个个生得漂亮端庄，坐于马两侧的"筐中"，他们被脚夫护送，千里迢迢到达长安。许多"生口"学成回归渤海，成了当时的学者和能人。足见当年大唐是人人向往的圣地，吸引着各地人奔往那繁华的经济、文化中心，贡送"儿女口"就记下了这段繁荣的历史。

八、中草药和山菜

中草药和山菜是从前贡往唐朝的重要贡品。

长白山草药够多的，多到什么程度呢？山里人常常说一句话：见草就是药，而老百姓常用的民间草药有 100 多种，如老牛乾、木灵芝、褐桦菌、松花粉、冬青、马尿骚、柳树包、榆耳、银耳、木耳、榆黄、猴头、冻蘑、树鸡子、扫帚蘑、天麻、猪嘴蘑、蒲公英、葱花芽、小根菜、刺嫩芽、贝母、板蓝根、天南星、龙胆草、细辛、刺五加、柴胡、淫羊藿、黄芷、山芋头等都是在大山里，山里人讲究"到什么季节采什么药"。

春季，在老林子间和山崖阳坡的残雪开始渐渐地融化，蒲公英、黄花芽、小根菜、刺嫩芽都顶着一早一晚的寒风长了出来。春采映山红（金达莱）放入蜂蜜里，治气管炎，长白山老太太拿一个勺，天天卖这种蜜。许多中草药都可以食用，如蒲公英，生吃可以消炎；用开水一焯，蘸点酱吃，脆而带有山野的清香。春夏之交，山里人开始刨山芋头（也叫山地瓜，圆圆的）吃。这种

长在树上的蘑菇

药材，苗不高，小白根，有点像贝母，有两个小芽芽，又叫"山土豆"。到了初秋，就开始刨天麻了。冬天则是采冬青的好季节，又叫"打冬青"，上树去敲打，十分有趣。采中草药，是山里人生活的重要内容，因此也衍生了大量的长白山中草药文化，我们称之为长白山珍贵的地域文化。

据《中国地域文化通览·吉林卷》（谷长春主编）、《吉林乡土志》等书籍记载，上山采药材，称谓诸多，如把采细辛称为"刨细辛"（也叫挖），这就把这种中草药的特征和采挖的方式与动作都描述出来了。刨细辛之人，上山前，先要选好地方，也就是找一个小河边。刨完后，药边洗边在河边晒，这叫保药性，方便成药。待细辛干后，再派人送下来，剩下的人在山上继续刨。因这药有时间性，不然采药人一上一下，不等人到，药就自己老了。

采微菜（牛毛广）人要在山上住。当采药人发现一大片草药，要搭棚子或窝棚住下来，一伙人忙着支锅、架灶，一伙人去采药，回来后有的撸（要去掉植物秆上的毛），有的晒，有的搓，有的用开水烫。处理这种草药，要看准那种林子间的甸子、湿地，干活宽敞，行动方便。开水烫菜，使菜更嫩更绿，把它秆上的毛撸下，人吃时不卡嗓子，搓时要会使手劲，搓掉大毛留小毛，一是干净，二是可以保留植物原始的气味和气息。搓成一团一团的，也方便携带。

上山采细辛的人真的要"细心"，上去的人在山上一住一个多月，有三个人一起的，有五个人一伙的，人不能是双数。这种规俗和文化与采参是一样的。采参人也是讲究三、五、七、九，而不能是二、四、六、八，因为这是人类的一种基于生存需求的心理暗示。人们把要去采集的对象（载体）也看作是一个"人"，如果是单数，加上采回的"载体"，正好成双，如果去时是"双"，就意味着采回不是你所要的，这表明人白上去一回，而且预示着不吉祥、不吉利。这虽然是人的一种心理表述，但也充分表达了人们的一种品质，这说明人已把被采集的对象尊崇为人类自己，是尊重生命的一种行为和认知。其实自然界是有生命的，这也正如日本文化地理学家牧口乔三郎所说："自然的生命与人的生命共同存在，尊重自然和生命是人的一种精神能力和品质。"（见牧口乔三郎著《文化地理学》，世界知识出版社1972年版），刨细辛也要先选"山场子"（草药多，成片之地），刨回后，往往看上去是一堆堆泥，但不能洗。洗了怕失掉药效，所以要先晒。

102

一般要先晒三天，让药上的泥巴自己掉。够一背筐时再背下去。这时，窝棚空了，又来了别人。在山上采药，你的窝棚里来了别人，不能撵，以免伤了和气。上山采药，讲究和和气气，这才平安。天黑了，在山里见房子就可以住、吃。山里人不讲你的我的，连命都是大山的。

在长白山老林子里，棵棵老红松上都长着百年灵芝，灵芝已红皮儿木质化这些灵芝，都有盆那么大，白云在林子里飘荡，灵芝就像红红的太阳，在云雾中露脸，它们如猴头一样，一双一对的，两个根，扇子形，而且还有云芝、木灵芝、草灵芝，还有一种叫"幌子"的灵芝，找到"幌子"，林子里大片灵芝地就快到了。各样灵芝，治病功能也不尽相同。带把的灵芝专门治风湿。九叶草、野鸡膀子，一回头，一回身，一眼下去，处处是药，真是有瘾。人有如在仙境中穿行。

采天麻，看"鬼火"。多么有趣的生活习俗和自然习俗啊。

鬼火，本来是指人死后埋在坟里，坟头土被风刮去，渐渐地露出棺木，人的尸体和头发上的磷光，在夜间被风一吹，四处游动，那么这与天麻有什么关系呢？说来有趣，原来，天麻这种药材生来个头小，形状长圆，有尖，表皮上很粗糙，麻嘟嘟的，其实那上面是"密环菌"，是和天麻伴生的一种真菌。密环菌本来是树木腐烂后生出的一种菌，能给天麻带来一种养分，但是，这种密环菌也"吃"天麻，这叫植物互生互为，是一种自然的依偎现象。如果密环菌多时，天麻就成了空壳（失去了药性），如果密环菌少时，天麻又由于缺少营养长不成，只有密环菌不多不少时，天麻才长得又好又实。而密环菌属于磷类，在夜里闪闪发光。

在长白山老林子里，有经验的采药人夜间出来观"鬼火"找天麻。他们走着望着，有时突然望见柞树林子里发出银色的光芒，那就是密环菌。有人就喊："鬼火——鬼火——"

可是采药人心里笑了：什么鬼火，那叫天麻。

一般在柞树林子里，村落人家住宅杖子底下，都有这种密环菌，颜色是褐色，人们往往去"引"密环菌，拔杖子，种天麻。

天麻属"三七光"，要照到穿过树叶投下的光，才长。但从根本说来，不是天麻不长，是因为密环菌不长。只有那种似透光又非透光的地方才长天麻，灌木丛里最多。天麻生长成一条线，是靠块茎往外"分"，民间叫"串秧""串根"——它是土豆的"兄弟"。蔓在土里"爬"，天麻按"窝"生。通常是遇到一窝，有时像黄豆粒一样小，这时采天麻的人要先把它埋上，等长大了再采。但是，在等待的日子里，要经常观"鬼火"，如果林子里有天麻，那儿又没有坟，而夜间常常出现三三两两的鬼火，那说明天麻正是好时候；但如果林子里一大片银光银火，你就不要去了，因为这时节属于密环菌已把天麻"吃"光了，挖出的天麻，也都已是空壳。所以长白山的民间历来就有"挖天麻，观鬼火"之习俗。

采药，非常讲究时节。长白山区有"到了时节，一采就是药"之说。有个地方，总也不闹病，原来是和这里人的生活习惯有关。

　　这个地方，柳蒿芽多，别的村懒，到时不采，一过时辰，柳蒿芽就老了。有一种艾蒿叶，叫肚脐眼艾蒿叶，也叫"艾把"，小孩肚子疼，点上，在小孩的肚子上一烤，病就好了。艾蒿要在端午节那天采，要带着露水的，采回之前不见阳光才行。时辰，这是中草药文化的重要特征。端午节这天还采"百步草"——抓什么草都行。在端午阳光的照射下，什么都有了药性，也叫"端午采药，百步不回头"。这也是指长白山的草药太丰富了，端午的阳光，也是春回大地的头一缕强盛而充足的阳光，它对植物的恩泽产生了重大的效果，于是人们说，长白山在端午这一天，走百步，抓一把就是药。长白山出产"冬虫夏草""仙人对坐草"等一些珍贵的草药，当然更包括有着久远人文历史的人参，这些都是长白山重要的文化资源和历史资源。

　　长白山中草药在采集过程中形成的文化，是人类认识自然、走进自然的重要文化历程。如上所述，"挖天麻，观鬼火"类的生动经验和文化，已成为人类的文化瑰宝，还有如"听声音，去采药"（走路踩拉拉秧）；嗅气味儿去采药（能从风吹来的气息中去捕捉药生长的位置和距离），如土黄芩，风一刮来，秧一晃动，发出声音和信息不同。还有触摸时发出的声音。同时，草药采来后，在筐、袋子中摆放的顺序和位置、手法的轻重，都是一种文化。在民间，还有大量的采药故事和传说，更是长白山的珍贵文化。

　　这些故事和传说各有特色，如跟随大蛇去寻找"石茶"（大蛇经常偷村里人的鸡蛋，猎人以木头疙瘩为诱饵终于让大蛇吞下

晒干的艾蒿

了木蛋，但大蛇却去舔一种草药石茶，化解了木蛋）；如跟着野蜂去寻找"初蕊"（金达莱花最有营养的花朵）、牵着马去寻找"鹿连"（一种醉马草）。采药文化是一种珍贵的生存文化。人在山上林中，怎么走路，怎么说话，一切行为，都由于采药而得到规范和传承，保留和记载了人类的生存过程，是珍贵的人类文化遗产。

说长白山中草药的采集是人类珍贵的文化遗产，这是因为采药需要诸多重要的民间手艺，甚至叫"绝活"，不懂采集药材的人上山，往往不知如何采挖，或明明采挖了，但却失去了药性或破坏了药性，这是采药人的大忌。采药人带酒上山，而不能轻易喝酒，带烟入林而不能轻易抽烟。烟酒往往会损伤药性，也会使药性相克。这是道德，也是民俗和规矩，更是一种科学。有的人用小镐去刨，有的用小刀去片；有的用手掐，有的用手去薅……

中草药采集工具

大自然是一座丰富多彩的课堂，采药生活会使人积累大量的生存和技能、手艺和知识，比如采山参、沙参、不老草、石蘑等，必须先学会攀崖，因那些草药就长在人迹罕至的山崖和峭壁之上。采药是对自然的深入认知，是对生活甘苦的最具体的体现。

人类在大自然中真实的实践，是难得的文化过程。虫钻过的灵芝，往往更加贵重和奇特；树皮上的"疙瘩"，"起线子"的冬枣（又称狗枣子或圆枣子），是因为树上的苔藓丝绕过枣而留下的痕迹，这样的冬枣，树腾丝已把一种"清汁"从开始便勒进了果实里，使它充分地具备了冬枣子和冬鲜果的双重药性。这种枣儿更鲜，味道更淳，药性更浓烈，价码也更高。在长白山阴天时，一些草药很会"躲雨"，有些草药在强烈的阳光下更加旺盛，但阴天采集往往更加有效，这叫作顶雨选佳。这都是自然界的奇迹，也是采药人需要掌握的规律。

贡品是一种文化，而采集贡品也就成了人类珍贵的自然文化和历史文化。

九、倭锦

据《东北亚丝绸之路历史纲要》载，3 世纪，东北亚丝绸之路可远至距日本一年海上行程的东南海域，即古代的裸国、黑齿国。后据《梁书》所记，这条航线应该是自东北遍历九州、四国、本州、北海道、千岛群岛、阿留申群岛至美洲大陆，其始航地当在朝鲜半岛西海岸，这是东北亚丝绸之路海上通道的"黄金地段"。

据《三国志》所载的有关东北亚丝绸之路沿途的古族、古国、古城、官制、特产、风俗、习惯等情况，都是珍贵的北方丝绸之路文化，其中尤为宝贵的是内中记载的贡赏清单，并言明"答汝所献贡值"，已清楚地记载赏贡是一种商业行为，且所"特赐"的刀和铜镜，已成为日本古代的传国之宝。

从对日本桑蚕丝绸文化产生的历史去考察，是徐福东渡使日本有了桑蚕丝绸业，《三国志》中所记载的"倭锦"，对人类的丝织业是一大贡献，可见日本养蚕织绸历史也很是久远。244 年所贡的物品中有"倭锦、绛青缣、锦衣、帛、布"等，极可能是曹魏或当时中国大陆所没有的丝、麻纺织品，这是东北亚丝绸之路见于史册记载的第一次丝绸反馈贸易。

第二节　民风民俗

一、奇特的"腌鱼"（镜泊湖·黑龙江段）

每当春夏之交，长白山的雪渐渐地融化，春风吹干了冬天的残雪，山上露出了许多逐渐被旱风抽干的荒野，这就是从前朝贡人所行走的道路。在这条道路上，渤海人离开了镜泊湖，在刚刚长出草芽的草地上和老林中穿行，这时江上、湖上处处响起一声声鱼来咬汛的声音。咬汛的鱼是我们所说的大马哈鱼和鳇鱼。大马哈鱼和鳇鱼主要来自鄂霍次克海，每年的这个时候，它们便逆江而上，到东北内地来产籽。大量的鱼洄游到这里，这条江已变成了"鱼江"。

这个季节，能吃到土人的"腌鱼"，一块一块腌在大缸里的鱼肉块儿，那都是去年冬天沿途人家捕捉到的大马哈鱼，他们将鱼切成四方或长条的块，一层鱼肉，一层粒子盐，码在缸里腌上。腌好的鱼肉块呈粉红色，极鲜嫩。吃时插上木棒子上火去烤，烤得外皮脆黄，里面依然是粉的，吃时掰开，就着携带的大饼子吃，香味四溢。

如今，沿途店里还有一种"咸鱼大饼"，疑为以前的饮食传统。

这种腌鱼，一年四季都可吃到。当鱼开始产籽时，人们并不捕，而是让鱼甩籽，留下后代，水里会有更多的鱼。

上京的这种大缸腌的鱼块也常常由马帮带到西土长安，唐人的"北土鱼块子"，那是一种稀罕的吃食，一旦离开上京，就进入层层的森林，这种美食就不见了。只有随身带着"鱼块儿"，才能留住上京记忆。

当地的渔猎之人可观看岸上的蛾子颜色，来辨别鱼准确到来的时辰。当草窠里的蛾子刚刚呈现出黑色的时候，头一批鱼上来了，那是些又胖又壮的鱼。过七天之后，草地上的蛾子刚刚出现蓝色的时候，第二批鱼上来了，这时的鱼有些瘦了，已有两颗牙龇在外面。当蛾子变成了花色的翅膀飞向空中的时候，第三批鱼上来了。这时，那些鱼已经更瘦了，有四颗牙龇在外面。朝贡的人望着黑压压的鱼群，是那么的欢快，这些来自大海的洄游的鱼一年一度地在江河中产卵，鱼卵孵化时留下了族群洄游的记忆，这也是朝贡之路的独特记忆。朝贡的这条山路连接着山川峡谷，这里山峦起伏，森林茂密，百鸟争鸣，群鹿飞奔，行人不愁得不到山珍海味。

二、辣白菜节（西古城·和龙市西城镇金达菜村）

中国北方民族是喜欢"藏酿"的民族，藏酿是指贮存和酿制，贮存是一种自然习惯，即将秋季收割下的粮食、蔬菜进行保存，以便越冬；酿制便是造酒、贮存食品，其实也是一种生活方式。其中为了贮存新鲜蔬菜，保鲜技术是北方民族的一大生活创造，比如挖菜窖，将白菜藏在里边，这样在寒冷的冬季，依然可以吃到新鲜蔬菜，而且在辣椒传入以后，又多了一种办法，就是将白菜腌制成"辣白菜"，这是白菜冬藏的一种绝妙手艺，我们称为丝绸之路村落的老手艺。

腌制辣白菜

　　早春，在延边州和龙市西城镇金达莱村（原明岩村）见到了一处独特的辣白菜窖，真是奇特，有味（而且村里还有自己的辣白菜节）。这个辣白菜窖，占地 2000 多平方米，主体工程处于地下，温度始终控制在 −10℃ ~ −5℃，一走进去，立刻有一股散发着辣白菜清香的凉风吹来，使人感到很舒适。通道以"八卦"形展开，中间一个小广场似的地面上绘制着一个巨大的"阴阳鱼"，通道以此向四方辐射，各条道两侧都是一排排大缸，里面腌制着辣白菜，共有 500 口大缸，只要将新鲜的辣白菜装入其中，15 天便可以吃到酸凉可口的辣白菜。

　　食用辣白菜是当地人独特的生活习俗，而腌制却是一种更加讲究的手艺。先要在黑土地上种植北方的大白菜，称为丝绸之路有机白菜，是指白菜不上化肥，完全人工种植，待初冬，北方下霜落雪了才将白菜割回，在阳光下使其软化、抱团，然后削根、爽叶，上锅以开水浸泡，使叶和帮既保持洁白、翠绿，而又水灵、脆甜时，便可以开始腌制了。这时要将早以拌制好的辣椒酱，层层地抹在白菜里外帮上，要抹均抹匀，不厚不薄，然后合上白菜，一棵棵地码在缸里。

抹在白菜上的辣椒酱是以一种独特手艺制成的特殊辣酱，要以鲜辣椒为原料，磨碎后，再掺上苹果汁、梨汁、蒜汁和冰糖汁，这种辣椒酱使辣白菜成为了一种美食，不但可以下饭，而且使白菜分解出了易消化吸收的维生素、钙、磷，具有健胃、开胃、活血、降压的独特功效，具有防止动脉硬化、降低胆固醇的独特作用。东北老百姓喜欢极了。现在不但朝鲜族喜欢，只要你来到东北，来到这条丝绸之路边上的古树，如果不吃上一口辣白菜，人们就会说你没来过。

在和龙的金达莱村，大人小孩都离不开这道美食，特别是妇女，一小儿就要会腌制辣白菜这道手艺和绝活，村里的黄英子（65岁）、李贞姬（72岁）和金春今（75岁）几位大娘说，她们一小儿就在母亲的指导下学腌制辣白菜，而且腌起来非常熟练，腌制过程简直是一道亮丽的风景线。你看，她们一起拌辣酱，又一起卷白菜，然后放在小车上推往地窖，整个工作，像一场动画一样美妙。于是，"辣白菜节"也就开始了。每年的立冬这天，是辣白菜节。这天，男女老少腌完辣白菜，就开始唱歌，跳民族舞，举着一棵白菜灯又唱又跳，很有生活特色。可能这就是民族生活，人民自己的生活。

和龙西城镇金达莱村（原明岩村）

一棵巨大的大白菜造型立在山坡上，春风中飘荡着美食的清香，山野上的金达莱已片片开放，于是北方的原野、山川就都被生活的美所覆盖了，人这时候才能欣然地品悟出历史和文化带给人的美好。

三、金达莱节（西古城·和龙市金达莱村）

金达莱节是和龙市明岩村重要的传统村落节日，每年的农历四月二十六至二十八，就在这个村里举行，届时全村和周边村的男女老少都来参加，热闹极了。这个村落节是以金达莱这种植物命名的。金达莱是一种木本植物，是普遍生于山坡和岩崖上的一种小乔木，花期在4月初至5月上旬，又名映山红，这是当地的一种土名。当地的百姓非常喜爱这种花。

早春的三四月间，东北的长白山依然是寒风料峭，白雪依然覆盖着北方的山崖，只是在向阳的地方可以见到点点的残雪，可

113

是就在这寒冷的季节里，金达莱却盎然地开放了。金达莱花非常鲜艳，它们往往成片开放在寒风吹刮的山崖和岩头，一开花，花团簇拥在一起，远远看去，一片粉红，美艳极了。所以这种不惧严寒的山花一开，在严冬中等待了一季的山里人心情立刻开朗起来，纷纷走到户外，开始了春天的生产活动。这是"报春"的讯号。而且，由于金达莱花的颜色无比艳丽，村落里的姑娘、媳妇们都喜欢把自己的衣裳也染制成金达莱的颜色，想分享一下大自然独特的色泽。从前，许多村落里的人家，都在这个季节上山，采一些金达莱花来制作染料，把白丝绸染制成金达莱的布料，做成裙子，穿上它，在"金达莱节"上露面，这使人与自然融合在一起了。

漫山遍野金达莱

明岩村是一个比较大的村子，它距西城镇 21 公里，这里有 8 个自然屯，总共有 474 户 1243 人，是典型的民族村落，而"西城"之名又叫"西古城子"，是 2000 多年前唐和渤海国时丝绸之路上的重要古城，如今在地表以上依然可见"渤海古城"的城基。这儿朝鲜族占总人口的 96%，以农耕为主，并开展畜牧业，除了养黄牛外，人们还种水稻、苏子、杂粮，而自然景观中最突出的就是整个村子被漫山遍野的金达莱所包围。

位于和龙市境内的渤海中京城遗址

这个村庄，一面背山，三面环水，具有浓郁的民族特色，于是便自然形成了金达莱节。金达莱本来是延边朝鲜族自治州的"州花"，著名的"金达莱花节"又在明岩村，于是明岩村改名为金达莱村，而且从2003年开始，金达莱村金达莱花园开始动工，到目前这里共栽种了金达莱花61000余株，和龙市金达莱文化旅游节已经在这里举办了五届。节日期间，大家共同走入自然，载歌载舞，穿上和大自然中金达莱花一样的衣裙，人们在飘荡着浓郁花香的风中跳着民族舞蹈，真是欢乐极了。

这个节，是个盛大的自然和民间节日，各种民族活动如秋千、跳板、拔草龙、圆鼓、长鼓、顶水舞等也全面展开，整个村落都欢腾起来，村民为了给人展示自己的手艺，把一些生活中的技艺都展示出来，如做打糕、腌制辣白菜、灌米肠等，让人参与、让人品尝，一时间，整个村子成了文化生活欢乐的海洋，金达莱村真是名不虚传。

金达莱这著名的山花给人们的生活带来诸多欢乐，是一种能让人释放欢乐的花，它的节日也就这样走进了人们的生活，进入了人类的村落史和丝绸之路文化史。

四、官道岭风情（抚松·新安驿）

距抚松县城 9 公里处有个新安村。

新安村这个地方，仿佛就是为"道"（朝贡道）而落成的。

黑夜，不论夜有多深，如果有人敲门、喊门，主人问，你是谁呀，只要来者答，"道"上的，主人必会开门。

常常也有"拉杆子"的（土匪、胡子、响马、马贼）家伙们，趁着夜黑风高到新安这里吃口"道"上饭，这口饭好吃，他们白天不敢进屯子，夜里便以小股人马混在道上的风俗里，闯进屯里人家住一宿，吃点喝点就走，他们也不太敢胡作非为。

一是他们属于在荒山野林游荡的游子，其实也离不开村屯人家，过于放肆日后对人对己都无好果子。

二是这条道也是他们常来常往的道，人过留名，雁过留声，人过不留名不知张三李四，雁过不留声不知春夏秋冬。走道有影，说话有声，他们也怕在"道上"留下不好的念想，终日被人耻笑咒骂，不得安生，所以并不在"道上"各驿过度造次。

古道民风过于朴淳，也使歹人在这条道上心虚。在这里，早已有老俗，在外行走之人，只要你渴了、你饿了，你进屋上炕就吃饭，没人撵你；如果人家家里没人，那你就得自己动手做饭

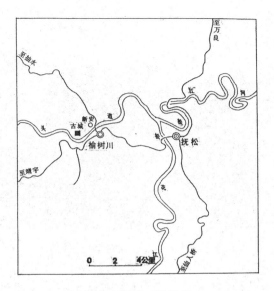

新安古城地理位置图

了。但做饭做菜时两样东西你别动，一是酒，二是红糖。在这条道上的人家，酒不是专门给人喝的，那是人家用来杀菌治伤的"药"（当然，主人让你喝时是两回事）；红糖是人家留给自己女人生孩子后熬小米粥拌进去喝的，别的一切食物、菜果任其所用。吃完饭离开人家时，要在地上捡起一根草棍儿，别在人家门上。道上的人家出去办事回来只要发现自家的门上别着一根草棍儿，往往便会惊喜地叫道，呀！咱家来客（读 qiě）啦。

五、抚松的白骨披红

在丝绸之路古道上，有许多习俗。

贡道村民老温说，头一次进山孩子乱讲话，就罚你"背林

笔者考察渤海朝贡道新安遗址（抚松）

子"（背上被插满树枝子），背林子的孩子如遇不上皇帝进林子"封"他为老关东，他就"坐"不下，永生永世地站在那里，可皇帝才来过吉林几回？老温掰着指头算：康熙三回，乾隆两回，还有嘉庆、道光，加在一起也才十回，但他们也未完全进林子，所以其实那些林中的白骨架大多依然还都站在那里呢……

询问当地的村人，还有别的法子让白骨坐下吗？不能他们活着时站着，死了还站着。

老温又说，如果这些"背林子"人的爹娘发话，也可以。

新安驿站老温的话，让我们转过身去望那茫茫白雪覆盖着的老林，总感觉那里还站着白骨架，林林总总的白骨架。

朝贡道，那是一段充满忧伤的沉痛过往。

爹娘喊话，白骨落座，这是一个古远的民俗。就像鲁迅先生在他的著作中讲述过的美女蛇的故事一样，美女蛇要吃人前，先将人的"魂"慑住，而慑住的唯一办法是以爹娘和亲人的声音与身份去召唤这个人的小名，美女蛇在背后，被唤之人在前，它一喊，小三儿！狗子！领弟！前边的小三儿、狗子、领弟，一答应，魂已被锁住，想跑已万万不能，于是美女蛇就会一口将他吞进肚里。江浙吴地文化其实已贯通中华本土，这种从反面因素去使用生活民俗的方式其实是延续了一种古老的民俗心理，人处陌生之地，如听到人在呼唤自己的小名，也不要轻意答应，出了山海关，莫抽对火烟（人的面孔易被陌生人识别），可是，人的生命一旦进入另一个世界，孤魂枯骨却依然需要亲人的认领，这是民俗的巨大力量。民俗是人类的精神心理。

在抚松朝贡古道上的新安古驿有个老桦头，他说他的老舅去老林里呼唤认领过白骨。老桦头老舅的姐姐的儿子小亮子只身从山东莱阳闯关东到长白山里拿"大叶"（人参），后来音信皆无，疑为被把头背上了"林子"成为站立的白骨了。姐姐那时年岁大了，想儿子，于是就打发弟弟闯关东，去东北的老林子里寻觅"背林子"的外甥小亮子。古俗依然，娘舅如娘，发音好使……

于是老桦头的老舅来到了抚松的额赫纳音（抚松的松江河，又叫松香河，出一种老蒿子，做成贡香，点燃后升起缕缕青烟，以用之敬请肃慎祖先的到来），他知道，那里有许多站立的白骨架。

老桦头的老舅来到老林的林子头（进林子的道口），往里望去，只见一排排的白骨站在那儿，泪先从老桦头老舅苍老的面颊上淌下来，他想起了失去儿子更加苍老的姐姐，泪已糊住老眼，他抽泣起来，然后，他把热泪蘸上呼唤，凄声唤道："亮子，我

官道岭遗址守望人刘氏夫妻

的儿，我替你娘来唤你——几十年了，你一直这么站着！你娘想你，眼已哭瞎了！现在，你该听到老舅在唤你吗？亮子！你听到了吗？你听仔细呀——"

于是，老舅大声地更凄楚地叫道：

"亮子——我的儿——坐下吧——坐下吧——"

这时，他停下来，眼睛不错神地盯着林子里的动静。

寒风在呼呼地吹着、刮着，林子里静静的，四外的大山静静的，还在传递着他呼唤的回声。那声音渐渐地远去了。

许久许久，突然，只听哗啦一声，只见一挂矮小的白骨架，一下子落了下来，"坐"在了一墩枯旧的树墩子上。

渤海国很早就接触了中原的封建社会文化，渤海文化又继承了靺鞨文化的传统，并受到高句丽、契丹、突厥等族文化的影响。渤海时期文化表现出强烈的唐文化烙印，充分体现了车书本一家的文

120

化特征，成为具有一定民族特征和地方色彩的唐文化组成部分。"疆理虽重海，车书本一家。盛勋归旧国，佳句在中华。定界分秋涨，开帆到曙霞。九门风月好，回首是天涯。"晚唐诗人温庭筠的《送渤海王子归本国》，多么好地述说了渤海与唐朝的一体关系，赞誉了渤海接受中原的民俗文化，把一种民俗融进了内里。

早在大祚荣令徒生六人前往唐都的国学就读深造以后，渤海王曾陆续派"留唐生"到长安学习，每一批"留唐生"少则数人，多则十余人。他们在长安学习儒家的典章、古今制度，参加唐各种科举官贡考试，如乌炤度、乌光赞父子，高元国等人皆在唐获得进士及第，渤海王定要把最好的人参贡送西土长安……

"亮子——"

老桦头的老舅又呼唤一声，跟跟跄跄奔向林地，他双手扶住"坐"在树墩上的"外甥"泣不成声。

分明是瘦弱的没太成年的少年的骨骼，本该是外甥，就是亮子。他拿出在家姐姐给儿子做的小红棉袄，给白骨披上了。

那是一个老女人含着泪一针一线给白骨做的棉袄，上面有一片一片老娘的泪痕，永远也不干的泪痕，他轻轻地系上了小红棉袄上的红腰带，可是，就在他扶着这架不大的白骨架哭泣时，突然，他听到哗啦哗啦连续两声清晰的回响，就见不远处，又有两架白骨在老林里落了架。

他终于有些奇怪，这是怎么回事呢？

628年，唐太宗贞观二年，契丹大贺氏首领摩会曾率领诸部

121

归附唐朝，唐太宗赐给摩会象征权力的旗鼓，那是鲜红的旗，金黄的鼓。从此这旗鼓成为渤海生活和信仰的精神仪式，鼓一响，旗便传动，鼓停息，旗传到哪里，哪里便被推举成"王"，这仿佛是民间的击鼓传"花"。当然也不排斥先定"王"再以这击鼓传旗的仪式把"王"当众定下来，但是民间，仪式的庄严习俗代代在人心底传承，大贺氏部落联盟最初建立在契丹八个部落平等联合的基础上，八部酋长称为"辱纥主"，意为大人。如果推举一人为联盟长称为"王"，建旗鼓以统八部，必得传旗击鼓，每三年一会（换届），以旗鼓立。

官道岭人家的爬犁

若遇到灾害瘟疫，畜牧衰微，则认为是联盟长不贤上天震怒之故，八部大人举行聚议，另立新主传以旗鼓，旧主退位，被取

代者以原约本如此，不敢怒，因鼓已敲响，旗已立于王后。渤海
人认为旗乃神圣之物，特别那旗的姿态和色泽，飘动时如霞云翻
滚，红色乃血浪，以生命征战之所得。渤海地萨满教是一种原始
传承下来的文化，流行在上层和下层的生活中，尤其东部森林部
落更为盛行，他们相信万物有灵，天、地、日、月、星辰、山
川、河流、草木、鱼虫皆有神灵，同时崇拜神仙鬼仙，祈求和企
望各种神灵的保护，祛病、祈福、驱灾、避邪，信仰天地自然的
观念流布在唐和渤海通往长安的整条驿道上。朝贡道上出现任何
神异现象立刻传到长安，挖参人白骨听到娘舅呼名会立刻"落
座"之俗使唐室更加珍惜千里迢迢运送至唐都的人参。那些贡参
人都会复述渤海故事，细节丰富，不仅记录了要将红棉袄（必须
是娘亲手做的）披裹骨架，然后入匣（也许是一个木树空筒，山
里人以这种空树为烟囱）抬架于树上（这可能是最早的树葬）安
葬，匣长于树上，从此与山林结缘，甚至记录了到红棉袄的尺
寸、式样。

老桦头的老舅穿越唐驿道的时代正是挖参故事处处打开的时
代，那时他看到外甥的骨架落座，另外两副骨架也同时落架，于
是请来新安驿道丰州的驮子把头（又称垛子把头）胡山，胡山把
头又去请来"放山"把头（直接进山挖参人的头），这才得知，
这是亮子的同一帮伙之人，他们也想"回家"了（那家，是指关
里家——山东），可能生前就是本村本土，沾乡气，一听到老桦
头的呼唤，这也才跟着落了座。

挖参把头告诉老桦头的老舅，为出唐贡放山挖参，就是不认

考察渤海朝贡道官道岭

识的在山林里见了面，也得道一声"快当"（你好），如今它们会听音了，认乡亲啦，没别的，一块儿安葬了吧。老桦头遵照朝贡古道上的风俗，又去镇集上的布店买回两块红布，让人做成两件小棉袄，披给白骨，又取木匣相安之，总算了却了姐姐的心愿。朝贡古道上的故事和习俗从前一定也一块儿贡给了唐王，如今依然在抚松一带传承。

六、藏酿

从北方辗转到达中原大唐，沿途有许许多多奇迹，主要是各处的风俗、特产不同，民族生活的不同，各种技艺均可在行走中所见。如扶余高句丽喜"藏酿"。

关于藏酿，有学者认为是两种技艺。藏，是指贮藏，如东北民俗有"关东山，处处怪，大缸小缸渍酸菜"，是指北土民族面对严寒的生存环境，在冬长夏短的环境中创造出贮藏青菜的技艺，将嫩菜以缸渍之，叫酸菜，可四时食用。而有的学者则认为"藏酿"是造酒。藏酿不过是酒的一种贮存方式和技艺罢了。

这种观点认为，北方民族较早地发现了酿酒的方法，于是将农作物收下来发酵，以锅蒸之，取馏水为酒，存起来，想饮用便取来，称为"藏酿"，这也是北方挹娄、勿吉等族人的生活方式。北方的丝绸之路上真是处处有这种酿酒的"烧锅"作坊。送贡之人，可以直接进去，接"头流酒"饮之。

头流酒，是专门为客人、贵人饮之所用。至今在北方的生活中，在各个酒作坊里，这种习俗依然存在，这也是丝绸之路上招待远方客人的习俗和习惯。

七、高句丽乐舞

高句丽乐舞深受大唐喜爱并被引进。

大唐是盛行乐、舞蹈的多彩朝代，朝野上下都是歌迷、舞迷。朝廷日夜举办音乐会或歌舞会，帝后王侯皆善乐舞，特别是伴随胡风入唐，诸国奇曲异调的加入，令人耳目一新。

唐人对外来文化，只要喜欢，便伸手拿来，大包大揽。这就即刻把隋代的九部乐重新修改，增入了高昌乐，成为十部乐。大唐的十部乐为：燕乐、清乐、西凉乐、天竺乐、高丽乐、龟兹乐、疏勒乐、高昌乐、康国乐和安国乐。其中七部来自西域。这些别样滋味的异域情调，尤使开放的唐人喜形于色……

那时，这些乐舞是靠一场一场实地演奏来传播的。

大唐的十部乐都以琵琶为主，琵琶来自胡。此外还有竖箜篌、横笛、筚篥、五弦、排箫、都昙鼓、羯鼓、毛员鼓、铜钹、贝等。其实，有些西域的乐曲与乐器，早些时候就已传入中原，曾经嫁给周武帝的突厥公主阿史那就是一位琵琶高手，但对中原形成巨大影响的时代还是在大唐，此时，一些龟兹、康国、疏勒、高句丽、于阗等地的著名乐人都活跃在长安，就如今日各方人才进入北京称为"北漂"，这些能吹奏出奇音妙曲的乐器和异域风情的歌舞很快被聪颖好学的唐人所掌握了。

在这些把音乐带给中华的乐人中，第一功臣就是遍布长安的胡姬，这些高鼻金发碧眼的异国异族女人，来自辽阔的西域、中亚和东罗马帝国，她们多半在长安的酒肆中做歌手、舞女和侍者，个个能歌善舞、娇娆艳丽、美貌动人，给大唐生活增添几分浪漫。她们那飞旋转动的裙子，昂扬跳跃的舞步，狂肆扭摆双胯，胡乐胡调，清劲悠扬，阵阵花雨，落英缤纷。大唐流行的软舞、拂林舞、柘枝舞、健舞、胡腾舞和胡旋舞都是外来舞，杨贵妃的《霓裳羽衣舞》就吸收了软舞的神妙，而石国都城的柘枝舞则柔中带刚，开始跳时绣衣重重，伴随着鼓点跳得愈来愈激烈时，便一件件脱去外衣，跳到最后竟成了半裸体。最令唐人陶醉的是大食国的胡腾舞、海萨尔马提的健舞、公孙大娘所跳的西域剑器浑脱舞和唐国人拿手的胡旋舞。这些阳刚性质的健舞有时单人，有时成对，各站在一块小圆毯上，跳起来便反弹琵琶或旋转得令人目眩，不出脚下小毯国，又能腾而飞起，这可能便是"飞跃"的雏形，所以白居易诗说："胡旋女，胡旋女。心应弦，手应鼓。弦鼓一声双袖举，回雪飘摇转蓬舞。左旋右转不知疲，千匝万周无已时。人间物类无可比，奔车轮缓旋风迟。"李白也在诗中写道："五陵年少金市东，银鞍白马度春风。落花踏尽游何处，笑入胡姬酒肆中。"

作为十部乐之一的高句丽乐舞使大唐的歌舞文化更加多样，高句丽也从唐舞中汲取了大量的精华，《三国志·高句丽传》载："国中邑，暮夜男女群聚，相就歌戏。"平时如此，喜庆日则纵情歌舞，就连丧葬也要"鼓舞作乐以送之"。

在《隋书·高句丽》中载："工人紫罗帽，饰以鸟羽，黄大袖，紫罗带，大口袴，赤皮靴，五色绦绳。舞者四人，椎髻于后，以绛抹额，饰以金珰。二人黄裙襦，赤黄袴，极长其袖，乌皮靴，双双并立而舞。乐用弹筝一，搊筝一，卧箜篌一，竖箜篌一，琵琶一，义觜笛一，笙一，箫一，小筚篥一，大筚篥一，桃皮筚篥一，腰鼓一，齐鼓一，檐鼓一，贝一。"足见唐乐与北土高句丽乐器与曲的同一与共布。男子舞刚健有力，动作夸张，显示出勇猛尚武个性，女子则轻柔曼舞，婀娜多姿，表现其温顺、善良，表演者以女子居多，最有特色的是"长袖舞"，李白对高句丽长袖舞曾做过这样的描述："金花折风帽，白马小迟回。翩翩舞广袖，似鸟海东来。"（见《全唐诗》李白《高句丽》）足见高句丽文化既具有自己的独特性，又与中原的文化有着重要的关联。

八、奇异的丝绸传说

据说在远古时期，有一位大人远征，家里无人，唯有一女，还有一匹公马，父亲就嘱咐自己的女儿要好好地养着。

这户人家居住在非常僻静的一个地方，家里很穷苦，女儿非常惦记父亲，常常对马开玩笑地说："马呀，你如果能把父亲驮回来找回来我就嫁给你。"马听了此话之后，立刻挣断缰绳而去，来到了父亲所在的地方。

父亲见到了自家的马非常惊喜，于是就骑上马回到了家。

可是回来之后，那马看着父亲与女儿亲热，在一旁悲鸣不已。父亲觉得奇怪，就问女儿："马为什么会这样呢？我不在家的时候有什么事情发生吗？而且自从马把我驮回来之后，这匹马非常的奇怪，无论怎么样喂它，它都不肯吃，特别是一见女儿你出来马就喜怒无常。"父亲很奇怪地又偷偷地问了女儿几次，于是女儿就告诉了父亲缘故。

父亲听后非常生气，并且觉得这件事情如果传出去，一定会大辱家门，以后还怎么做人？于是在一天夜里，他用强弓将这匹马射死了。之后扒下了马皮放在院子里，让它在太阳下暴晒。

父亲杀马了之后，并没有多大的疑惑。可是女儿和邻居的女子们，都来戏耍这马皮，并当众用脚踏这张皮。她们一边踩跳一边说："你这个畜生，你怎么能娶女人为妻呢？把你的皮扒下来让大家来踩，是让你自讨苦吃。"

可是很奇怪，大家话没说完，突然起了一股风，那马皮突然卷起，把这个父亲的女儿卷起，飘向了远方。

邻居的妇女都很害怕，大家都喊："救人哪！快来救人哪——"

可是，谁也不敢上前。于是有人就赶快去告诉了女儿的父亲。

这父亲出来找，可是已经不见了自己的女儿。后经数日，终于在大树间看见马皮挂在了那里，而女儿与马皮已经化成了蚕，系于树上。后来，其父把它取下来才发现，这个蚕抽出的丝比别的蚕多数倍。因此名曰桑，是"丧"的转音，百姓认为这事很"丧"气，而"蚕"又是很"惨"之意，所以从那以后百姓都竞相养之。

这个传说说明了农耕文化的一种"马图腾"，马图腾是中国北方一直以来的一种文化现象。这个故事的寓意是养蚕与驯养马。

神话中所说的马头蚕故事也是古代北方民族用桑叶喂马的一种记载，北方民族专门让马驹来食桑叶，这是禁止每年第一次孵化的蚕争食桑叶，只留蚕种。第二次孵化的蚕再让其成长作为蚕来抽丝。这是游牧民族不同于农耕民族的地方，农耕民族以桑为业，种植桑和养蚕是为了抽丝，而北方的游牧民族种植桑则是为了喂马，这样第二次孵化的蚕就会比较健壮，蚕丝也多，而且织的丝也好。而南方自古以来注重原蚕（春蚕），这不同于北方。许多学者认为，北方的蚕之所以为壮，头高而皮皱，就是因为这个。可能游牧民族观察蚕的活动像马，得出结论蚕就是马。说明了养蚕在北方民族的生活中早已被认识到。

农与桑的结合在古代本来是始于北方的，南宋时才转移到江南。唐代时燕辽地区仍然是丝绸生产的基地便可以证明这一点，历史上记载当地农民以丝绸来充税。说明当时的桑蚕是国家收入的重要来源，且植桑养蚕始于中国东北。也有更多历史文献可以作为考证。

马头娘、马明王等的传说虽然出自中国西南地区和东南地区，但有历史可以说明上述传说其实最早源于北方，即赵武灵王"胡服骑射"，向北方游牧民族学习骑马驯马，这一过程显然是自北而南的。还有1973年辽宁省科左县出土的一批商周青铜器中有一件涡纹器，其大小、形制、纹式都和彭县竹瓦街出土的铜器基本相同（见傅朗云主编《东北亚丝绸之路历史纲要》），这绝不是偶然的现象。这些青铜器的出土，显示了我国古代文化发展从东北到西南的走向脉络。目前发现的最早的采铜和炼铜遗址也在赤峰境内，考古界一致认为其属于先商文化。

商、周文化源头之一也在红山文化地区，桑蚕文化与青铜文化的发源地很可能就在今天的辽河流域。在今天的辽南和辽河地区，还有大量的山民和农户依然在养蚕，人们称辽蚕，辽南蚕丝的久远历史也说明了北方民族对丝绸和蚕的认识源远流长。

北方民族所通达的地区更加诸多和分散。正如东北亚丝绸之路，有五条之多，包含契丹道、营州道、日本道、俄罗斯道等路线，不同于中原丝绸之路穿越塔克拉玛干、帕米尔高原到达中亚和西亚从而扩展到欧洲和更远的地区，东北亚丝绸之路在今天大部属于偏远和交通不便地区，使这条丝绸之路的知名度还不为世人所认知，也正恰恰因为这个原因，东北亚丝绸之路的历史意义和价值也就更加珍贵。

九、细心的狗爷们

以狗拖爬犁、车子或雪橇行在雪原上，起始于北方丝绸之路，通称为"狗驿"。以狗拖载工具送驿就是起于民间北土之人的生活习俗。在早，北土之各族皆饲养狗，狗是人家的帮手与助手。民间又说狗是忠臣，有个故事是说一只狗一只猫，被一个老人收养。一天，老人发现自己的烟袋不见了，是过河时掉进水里了，于是猫和狗就结伴去找。来到河边，猫躺在河边草地上呼呼睡起了大觉，狗一个猛子扎进河里去找主人的烟袋。找呀找呀，终于找到了。它叼上来放在草地上，自己累得睡着了。这时，猫醒了，一见烟袋，它叼起就跑，去交给了主人。

朝贡道人家的狗

主人问："狗呢？"

猫说："睡呢。"

131

于是主人就把猫安排在炕上，给它肉吃。

这时狗回来了，主人就把它赶到院子里去，给它吃剩食。

可是狗并不恨主人，而是恨猫。所以至今，狗一见猫就撵它，后来主人就知道了猫的本性。

在富育光《雪山罕王传》（富育光讲述，曹保明整理，载谷长春主编《满族说部》）中记载，在北土，人们知道狗是人忠实能干的帮手，它们干活、管家、看家，还帮主人养育小动物，处理日常琐事，干得很出色，人们信得着它。

每个驿站、卫所，都有"货栈"，里面不单是"死货"——皮张、人参、松树籽、鱼干、兽肉、海带、金蟹、蘑菇等，还有"活货"，就是活着的货品，也是贡品，什么海狗、小鹿、海豚、小熊（黑熊、棕熊都有），各种鸟类，还有"美人鱼"，都是活的。那时人手少，货场主人来来往往跑出跑进办事，喂养这些小动物"活货"的事就交给卫所和驿站的狗去做了。

一到晌午吃饭的时候，小动物"活货"们就饿了，它们发出各种怪叫。

"啊——啊——"这是海狗饿了叫。

"替——替——"这是海豚饿了在咳嗽。

"阴天打酒喝喝——阴天打酒喝喝——"这是铁鹂鸟饿了发出的叫声。

"咕噜噜一壶——咕噜噜一壶——"这是蓝胆鸟饿急了的叫声。

"忘干哥——忘干哥——"这是杜鹃在饿了时的叫声。

132

"噜噜——""哼哼——""苏苏——"……

各种动物的叫声交替起来，于是狗开始忙碌了。

它开始跑动。每到一个"活货"的笼子前，它都立刻跳起来，用嘴摘下挂在笼子上面的"奶袋""水袋""米袋"，分别递给活货们食用。

许多小动物都喝奶，那些奶都是装在小奶肠、袋里，每个"活货"喝多少，狗都有明确标准，它会给你不多也不少，有的小动物喝了还想喝，于是狗爷们便会对它怒叫："汪汪汪——汪汪汪——汪汪汪汪汪汪——"

那意思是："你美呀！你美呀！给你多少我有数，你叫也没有用！"但对于有的小动物真的没吃饱，又叫，还哭了，于是狗爷们就再给它一点儿。并叫道："汪汪——哼——汪汪——哼——"那意思是："行了！就这些了，别再闹了。"

狗爷们还会观察卫所和驿站主人的动作与气质，它们学得很快，办事处理事很像主人的样。主人批评哪个小动物，它也跟着对它发火，和主人态度一致，很明显，很仗义。当然，更多的事是拖拉车、爬犁、雪橇，去送信、送驿、跑长途，并根据任务和所装货物多少，确定狗拖爬犁只数，一般是三十只为一组，各有各套，头狗放单套，在最前面，它会观察雪线、冰裂、倒木、山石、草根子、"刺子"（又叫"起刺"，是指树根在雪下隆起，易伤狗脚和爬犁底木），这些都由头狗领着绕过去。

狗驿一般也是三十里为一站。也可以跑二十五里或三十五里。日本人间宫林藏在《东鞑纪行》中曾有记载："七月八日奇吉沿黑龙江逆水上行，因风雨迟滞，十日，抵五吉出发，逆航四里余（日里，合华里 30 里许），抵特楞赏乌棱、木城。"特楞又作台伦，代三姓副都统行署所在地，位于格林河口下游，黑龙江右侧卡尔吉，则五如吉屯在卡尔吉下方 30 华里处。

那些伶俐聪明的烈狗、驿狗、卫所狗，穿行在茫茫的北土丝绸之路上，使得北方的荒原热闹起来了，于是这里才有了人烟。

至今，这些地方依然叫狗驿，人们对狗刮目相看，人们亲切地称它们为"狗爷们"，是把狗也看成了人家的"一口"人了，它们也真是够个爷儿们。

狗车——五条狗拉车，桦树皮做车棚（富育光 手绘）

十、相扑舞乐

在丝绸之路上，各民族和国度文化之交融留下了鲜明的记忆，那些记忆直到今天依然鲜明、生动、活态。

据日本《国史大系》本，《续日本纪》卷一七，天平胜宝元春十二月二十七日条载（见日本经济杂志社明治三十年版），749

年，日本东大寺举引“请僧五千礼佛读经”节会，孝谦天皇、太上皇、皇太后及诸大臣等尽皆莅临。节会进行中，“作大唐、渤海、吴乐”。这说明，通过北方的丝路，已将大唐、渤海和吴地的音乐传入日本，而且在日本的各种“节会”中使用。而且渤海乐已被日本所掌握，并与大唐乐同登日本的大雅之堂，足见渤海乐的较高艺术价值已为日本所喜闻乐见。另据日本的《舞乐要录》所载，日本之塔供养、堂供养、舞乐曼陀罗供养、御八讲、朝觐行幸御宴贺正、相扑节会等重大活动时，分别奏舞《新靺鞨》和《渤海乐》，即渤海的新乐舞，皆为日本喜欢，丰富了日本的乐舞生活。

日本的相扑活动和“相扑节”都是日本文化传统，千百年不衰，表现了这个国度的文化一致性，在相扑节和传统的相扑活动所演奏的音乐，从远古走来，一直在清晰地记载着这门古老的技艺与中国、与唐和渤海时的民间传统的鲜明关系，足见日本的文化与渤海文化的关联。

日本是一个能主动向有鲜明文化特征的国家和民族学习的民族，而中国北部的民族，如2000年前的渤海国也完全敞开广阔的胸怀像大唐一样，开明地帮助周边的国家发展经济、传布文化，这便是北方丝绸之路的文化意义所在。

据《旧唐书·代宗纪》载，773年前后，日本人内雄等人“住渤海国，学问音声”，是为日本派到渤海学习渤海乐的留学生，使渤海乐在日本得到进一步推广。

可想，当年的北方丝绸之路上，渤海国与日本之间的交流和来往该是多么的密切。上书还记载：大历十一年（776年）"渤海使献日本国舞女十一人"。这十一名舞女，是日本赠给渤海国的，后来，渤海国又把她们朝贡于唐朝了。

从遥远的北土渤海国把日本的舞女万里迢迢地送往大唐，于是，大唐、渤海、日本这三点之间文化、舞乐同步进行，是渤海在其中起到了"桥梁"的作用。这座"大桥"，横跨东西，穿越了万里的山林、江河、大海，在漫漫土原、砂碛的荒路上奔往大唐，从此为人类文化书写了绚丽的篇章。久远的历史传到今天，我们已能在大量的考古资料中找到记载渤海乐舞的文字和绘画，十分清晰、鲜明地展现在眼前。今延边地区敦化的贞孝公主墓的壁画中，绘有12个人物，其中绘于西壁的4个人物当是乐伎。你看那充满动感的姿态，每个人物都粉面朱唇，仪态丰满，身穿锦袍（珍贵的丝绸衣衫），色彩艳丽，手持形似拍板、琵琶、箜篌之乐器在歌着、舞着。由此可感知，当年渤海宫廷乐舞是如此豪华，且空前的动人……

北土丝路，那漫长的路途，把久远的人类记忆鲜明地串联在一起，留下了一路花雨和美妙动听的乐歌。无论哪个国度，只要细心去观察，就会感知到丝路文化依然活着，因为丝路依然在人的心底。

第四章
东北亚丝绸之路的传说和歌谣

第一节 传说和神话

一、称蚕为"宝宝"

在北方丝绸之路上，有许多文化禁忌。

禁忌是人类的心理行为，它直接产生于生活的规范中，又与自然、历史和文化有着深深的关联。丝绸之路上的禁忌丰富而多样，特别是对于山神、树神、林神、海神、江神的种种崇拜，各个地域对于民间神灵的敬畏，已与民间信仰和生活行为融合在一起，成为独特的丝绸之路文化。

相传，在日本民间广泛地流传着"桑原桑原"的咒语，据说很灵验。

据日本学者石田英一郎考证（见《东北亚丝绸之路历史纲要》）记载，在贡送丝绸的路上或出发之前，心里要默念"桑原桑原"咒语的来历，完全来自古代中国，是养蚕文化发生地的文化，这是一种让桑树很好成活的信仰的转化，于是也成了丝绸之路上的禁忌。

传说，在日本的雄略天皇时，有一天，他想让皇后和宫女们在宫廷内养蚕，于是就派了一个叫螺赢的人到全国各地收集蚕种。由于日语的"蚕"和"小孩"发音相同，于是螺赢每到一地，就出了笑话。

螺赢一到人家，便问："有小孩吗?"

人家会回答："有。"

他便说："那么，我要带走。"

于是，这样下去，他从四面八方找来了一些孤儿，便领回了宫中。

天皇一见，大吃一惊。

但是，雄略天皇又没有别的办法，于是只好叫螺赢收养这些孩子，并赐给他一个"少子部连"的姓氏。

所谓螟蛉子的典故就是由此而来。如今中国江浙一带的农民把蚕叫"蚕宝宝"或"宝宝"就是小孩。据说，这样孩子好养活。

二、养虫

还有一个有关丝绸之路禁忌的传说。

相传仁德天皇在位时，有一个叫奴理能美的韩人爱好养虫，他养了许多虫子。

可是，他养的虫子，都得首先会爬。

那些虫子先是爬，然后变成藏在壳里的虫，最后得变成飞鸟，并且在树上吱吱——吱吱——地叫。

这是一种能变成三种"物"和三种"颜色"的奇异的虫子。其实，这就是蚕（这个故事见于日本汉文古籍《古事记》中）。

北方丝绸之路上的驿夫们，行走在路上，如有虫子落在身上，也不拍死，而是以手指轻轻弹掉，并说："走吧……"

三、燕雀卵

在我国的西汉东方朔的《神异经》中有一则故事，叫《偃桑与蚕云》。

说在很古的时候，东边的扶桑之地有一种虫，叫"扶桑之蚕"，这种扶桑之蚕，长七尺，圆七寸，而且颜色如金，四季不死。

首先，一到了五月八日，它便开始吐黄丝。那些黄丝布满了树枝，丝脆如绖。于是，人便将这些黄丝取下，烧扶桑木灰汁来煮。煮啊煮啊，这些丝一点点变得十分坚韧。

人们终于发现如果把这种丝四根系在一起，足足可以胜过几斤的拉力，而且又很有伸缩性。因为这种蚕的卵大如燕雀的蛋，于是就叫它燕雀卵，又因为它是产于扶桑树下的，又叫它扶桑燕雀卵。可是后来，当人们把卵送到高丽国后，这种蚕却变小了，就像中国的蚕一样了。

这个故事说明，日本的"桑蚕"同于中国的"柞蚕"，都是野蚕。

而雨燕也成了人们尊敬的鸟类。在长白山通往大唐的贡道上，每当天阴，气温下降，一些蚊虫飘下来，遮住了马夫的眼睛，人们就叨念：雨燕快快来……于是，那些雨燕真就成群地来了，驱散了漫天的蚊虫、小咬。

四、蚕神庙与蚕神

顾希佳先生在他的《东南蚕桑文化》一书中，介绍了日本的蚕神。

日本的学者认为，中国的蚕种在不同的历史时期，从不同的地区传到了日本不同的地方，其中最早的说法是199年，秦人功满王把蚕种带到了日本，因此有关中国蚕丝生产习惯和对蚕神的信仰神话，也就随之传到了日本。

日本至今依然保存着蚕神庙，是一种木结构的小屋，称为"神宅"，里面只有一种画像。画中是一位女子骑在白马上，一手托一轮红日，另一只手拎着一杆秤，秤盘里放着蚕茧，这就是日本的马头娘神像。

还有一个传说，说有一个叫"金色姬"的女孩。

金色姬出生在中国，她是霖异大王的女儿。她的亲生母亲死后，继母虐待她，将她抛到狮子吼山，她却骑着狮子回来了。

将她抛到鹰群山，鹰群反而供她吃用。

将她流放到海眼山的岛上，岛上渔民送她回了家。

继母将把她埋在庭内的土中，土也发出了光亮。

继母又将她放在船上流入了大海，她乘船到了日本，变化为

蚕。日本农民说，蚕的四眼是四次劫难，一眼为狮子休；二眼为
鹰休；三眼为船休；四眼为庭休。

后来，朝贡的驿夫们走在驿路上，虔诚地信奉自然和传统文
化，遇有神树神庙，都要进香火。

五、"树娘"的故事

"树娘"的故事民间早有。

树咋成为我的娘呢？文毅在书中写道，那年大年初一，母亲
带着我来到几里之外的文笔山对面的一座山坡上，在一棵青岗树
下停了下来。

那棵树，独自站在临风的贫瘠的山坡上，傲视苍穹，树干足
有两人合抱那么粗，高十多米，枝繁叶茂，给人独木成林之感。
枝条上随风飘舞的红布条、地上层叠的香纸灰与鞭炮屑，显示了
一种神秘的气氛。

母亲十分虔诚地点燃随身带来的佛香与火纸，说了许多祈祷
的话语，然后叫我作三个揖，叫一声："娘，保佑我！"

从那以后，我就多了一个娘了。

"为什么要叫树为娘呢？"

母亲说："希望它保佑你平安长大，保佑你将来有点出息……"

"那为什么不就在咱家对面的山坡上去拜那棵高大的青岗树
为娘呢？"

"那棵树你堂哥已经拜过了。"母亲说，"你堂哥还拜冒水井
为娘呢！"

"我不想再拜了!"我说,"我只要你一个娘!"

这就是位于东北亚丝绸之路上的"树娘"

母亲笑了笑。温柔的母亲笑起来很好看。好看的母亲没有活到树的年龄,现在树娘还活着,母亲却不在了。

关于北方丝绸之路上的故事、传说,今天看来已十分缺少。这是因为,这类故事、传说都逐渐地融进了北方各民族的生活中去了,不再独立存在,主要是在渤海为契丹所灭之后,各朝代又不断地建立自己的政治、思想、经济、文化体系,历史一代代冲淡了原有的文化遗存,并且,各代在传承上依然使用着丝绸之路和驿道驿站,使得丝文化逐渐融合在每一时代的自身文化中,于是渐渐地失去了固有的所指性，产生出一些各个时代和民族生活中都能认同的"丝路""驿道""驿站""贡品"文化，我们便将其统称为"丝绸之路故事"了。

六、一把豆秸土

唐和渤海时期去往长安的路上，经常会发生许多奇异的事情。

有一年，一个贡夫先期去往长安送贡物清单，他骑马奔走，跑得浑身是汗。突见前面有一个村庄，正好口干舌燥，于是便从马上跳下来，上前讨水喝。

这时院里正有一女人在打豆秸。驿人说："夫人，请讨一口水喝。"

那妇人抬头看了一眼跑得满头大汗的驿夫说："请您稍候。"

于是她转头走进屋去。不一会儿，这妇人手拿一个葫芦瓢走出来，在井里舀了一瓢清水，却见她突然从地上抓了一把豆秸土，扔在葫芦瓢的水上，然后递过来说："请公子喝吧。"

驿人一看，十分气恼。

他心想，多么恶毒的妇人，我要一瓢水喝她竟然抓把土扔在水上。

但又干渴难耐，于是边吹着水面上的豆秸土，边慢慢喝着。

喝完后，他将水瓢狠狠摔在地上，回身骑马走了。

这时他回头一看，却见那妇人吓得一下子坐在了地上。

驿夫想，你等着，等我从唐朝回来，我一定会狠狠地治你的罪。

转过年来，驿夫从唐朝朝贡回来，又来到此家院外，他本想寻那妇人，以报去年一瓢清水一把土之仇，却见屋内走出一小女子。

那小女子战战兢兢地说："官人哪，您就是去年来我家讨水的大人吧？"

驿夫说："正是。"

那小女子说："大人哪，去岁给您舀水的夫人本是我的亲娘啊，她当时见您奔跑得满身是汗，于是才往那瓢水里扔了一把豆秸土，是怕您喝炸了肺，可是，一见你怒气而走，吾娘身受惊吓，一命呜呼。知道你今朝会来讨问，于是命我向您解释。大人呢，对不起！对不起呀……"

"啊？原来是这样？"

驿人一听，不觉大吃一惊，原来是自己错怪了好心的夫人。

从那之后，驿人将此屯改为善心屯，并立志收养夫人的孤儿寡老。此故事在唐和渤海时期驿道上流传不息。

七、七叶一枝花

渤海国第一代王大祚荣在位 14 年，共朝唐 7 次，第二代王大武艺在位 18 年，派遣使臣献贡品 23 次，第三代王大钦茂在位 56 年，派遣使臣入贡 49 次，第六代王大嵩璘在位 19 年，朝唐入贡 9 次，第十代王大仁秀与第十一代王大彝震在位期间，平均每 7 年朝贡一次，末王湮馔向后梁朝贡 5 次，向后唐朝贡 6 次。渤海国存在 229 年，朝贡 150 次左右。

不知是哪一个渤海国的国王，这一年，让他的第七个孙子叫"七叶"的去往长安朝贡。

这一天，行至长白山一带，送贡队伍歇晌，七叶一个人跑上山去，忽然，他发现前面有两只野鹿，一只公鹿和一直母鹿交颈相摩，相叠而起，进行着神圣欢愉的使命，两只野鹿在交配。

七叶是个刚谙世事的小伙子，这事还是头一次看到，直看得心血上涌。

正看得入迷，却听到树后传来女人的笑声。七叶回头一看，原来是一个十七八岁的鞨鞨山野姑娘，叫山花。

山花姑娘笑得前仰后合地对他说："小阿哥，俺叫山花，俺看你痴呆的样子，实在忍不住才笑出声来，把那两只野鹿给惊跑了，给你赔个不是。"七叶反倒被逗乐了。

山花问七叶："你知道那两只鹿在干什么吗？"

七叶羞得满脸通红说不出来。

山花说："这是在布天地之道，合阴阳之济，行夫妻之实。"

七叶一时听蒙了，就问山花说："你怎么懂得那么多呢？"

山花说："我是跟爷爷学医采药的呀……"然后又对七叶说了一些打猎的知识，说鞨鞨人打猎从不打发情和怀孕的母鹿，这是我们祖先的规矩，因为这时是母鹿发情交配期，只有让它们多繁殖，我们猎人才能多打猎物……

两人啥都唠扯，越唠越近乎，一高兴，也学着野鹿交配的样子尝了禁果。两人躺在草丛里，分享着喜悦。

突然，七叶惊叫一声捂住脚脖子，原来爬过来的一条眼镜蛇咬了他一口，山花懂得医术，连忙用采药锄打死了毒蛇，然后用嘴吸他伤口上的毒血，七叶哪能让毒汁进山花嘴里呢，就伸手搋她，这一拉扯，山花吸在口中的毒血就没吐出来，咕嘟一下就咽到肚子里去了。山花想，只要能吸出毒汁，救活七叶阿哥，就是死了我也值了。只吸得山花头晕眼花，毒气发作，两只手慢慢地松了下来，停止了呼吸。

七叶见山花为了救他而毒死，抱着山花哭得死去活来，由于这条毒蛇太厉害了，七叶的毒性也发作了，这对青年男女紧紧地抱在一起都死了。

送贡品的人们走着走着，听见林子里的哭声就围了上来，见主人七叶抱着一个姑娘已死了，于是就地埋了。

于是，坟上立即长出一棵 2 尺多高、七片尖叶顶着一朵黄绿色小花的植物。又见七叶的冠服和山花的彩裙上有血书，上面有指血写着"治蛇毒"三个血红大字。

人们看明白了，王子七叶被毒蛇咬死后，变成一株"七叶一枝花"的草，告诉人们如果谁再被毒蛇咬伤，可以用这种草治，不会被毒死。因为七叶是渤海国王的孙子，后来人们就把这种草叫"王孙"，医学家还把"王孙"能治蛇毒写进药典之中，流传下来。

八、馒头的来历

相传，在渤海第三代国王大钦茂时期的一个秋天，去长安给唐朝献贡的大车小辆在使节的带领下回渤海，来到一个集镇，中午打晌吃饭。饭店的掌柜是两位颜慈心善的老爷子，奇怪的是这两位老人经营的主食与别家的饭店不一样，他们这店专门蒸又香又嫩、形状像人头似的面食。渤海的使节、护卫和赶车的老板子走南闯北，从来没有吃过这种东西，于是就围着两位老人问："这种面食是什么？"

两位老人告诉客人说："这种面食叫馒首。为什么做这种馒首，这里却有一个鲜为人知的来历。"

老人告诉大钦茂，早些年，长安城皇宫里有一个太仆，平日待人温和善良，不管谁有困难，他都愿意帮忙，所以这位太仆在文武官员、仆人侍女中都很有人缘。

有一天头晌，13 岁的皇太子在花园里玩剑，看见一个鞑鞨老艺人正在精心地用泥雕塑着骏马。太子走过去，见那马塑得如同真马一样，惟妙惟肖，就要骑上去，老艺人慌忙阻拦道："太子，可骑不得啊！那是泥塑的，泥还没干，是要压碎的！"

专横跋扈的皇太子见有人敢阻拦他，便把两腿一叉，高声对老艺人说："既然那泥马不让我骑，那你就趴在地上让我当马骑吧！"

老艺人见皇太子这般蛮横，手里又拿着利剑，就想躲开，不给皇太子当马。气急败坏的皇太子用剑去刺老艺人，老艺人就围着花园中的一口水井转圈躲闪。

皇太子更加来气了，他隔着井向老艺人使劲刺去，结果身子不稳跌入井中。这下可把老艺人吓呆了。太子落井的情景，正好让照看皇太子的太仆看见了，他们急忙打捞太子。可是，等把人打捞上来后，太子已经死了。

太仆对老艺人说："老艺人哪，可不好了，你马上离开皇宫，剩下的事由我来处理，你快逃走吧！"

皇帝失去了心爱的宝贝儿子，大发雷霆。于是太仆说："今天我和太子在井边玩，太子让我当马给他骑，我没答应，太子就发怒，拿剑刺我，这才失足落井……"皇帝还没等他说完，便下令刀斧手明日午时三刻将太仆斩首。

逃出皇宫外的老艺人，听说太仆替他担了罪名，当晚就托人买通了狱卒和刽子手，又因为太仆这人人缘好，大家伙都愿意帮忙，想法把太仆救下来。

当天夜里，由老艺人扎了一个活灵活现的草人，用白面做了一个太仆的头像，把太仆的衣服给假人一穿，跟真太仆一模一样。第二天，刽子手就把假太仆斩首了。

老艺人与太仆就这样逃出了长安，在这个集镇上落了脚，开个面馆，用面蒸这种食品，并且起了个名字叫"馒首"，用来纪念九死中获得的一生，是靺鞨老艺人用面蒸人头才救下他的命，所以叫"馒首"。

渤海朝贡的人们被这两位老人的故事感动了，于是向老人学会了蒸馒首的技艺，买了两大筐馒首，带着路上吃。回到东北，渤海便兴起了蒸馒首，不知过了多少年，人们把馒首叫来叫去，就叫成了今天的"馒头"了。

九、"响水"的来历之一

响水村，原名"发河沿村"，满语"发哈延""别里卖"，汉译"水急声大"之意，俗称"响水"，就是今黑龙江省宁安市渤海镇响水村，现盛产响水大米而闻名。可是，说起这个响水地名，在当地还流传着一个"素娥"的故事，反映了渤海靺鞨人与汉族人共同生活和创造文化的珍贵历程。

说的是隋文帝杨坚死以后的事。

穆太妃有一爱女，名叫素娥，年方十七，生得花容月貌。这一年五月节的夜晚，她从母亲的寝宫回来，见炀帝坐在自己房内，她急忙转身要出去，却被炀帝一只大手抓住。素娥一急眼，回手抓破了炀帝的脸。炀帝狠狠地踢她小肚子一脚，并让人把她打入了冷宫。

素娥被困在冷宫，小腹被踢得特别痛。突然，狱门打开了，穆太妃不顾一切地奔向女儿，母女抱头痛哭。哭罢，太妃问女儿缘由后，毅然带着女儿逃命去了。

夜深人静，母女二人逃出皇城，一路向北走去。

第二天，炀帝亲率好多禁军分别追赶，太妃和公主见后面尘土飞扬，知道是追兵来了，她们急中生智，就和铲地的父子借了件男衣换上，女扮男装，蹲在地垄沟里假装铲地，躲过追兵，一路艰辛，向塞外奔去。

这一天，群山环绕的忽汗河两岸，靺鞨人正在放牧猪马牛羊，人们还在江河里撒网捕鱼，忽见来了两个中原汉人，都觉得稀奇，就聚拢过来叙话。可是言语又不通，只能打手势。日子长了，才慢慢听懂对方的语言。后来这两人教靺鞨人种水稻，用野麻织布，用土烧陶器，用木头柴草盖房等。靺鞨人视"父子"（穆太妃与素娥始终女扮男装，看似父子关系）为神仙，就推选老汉的儿子（素娥）当邑长，还要以"儿子"的名字为邑号。

"儿子"说自己的名字叫"想隋"，这个地方就叫想隋，隋邑吧。这娘儿俩与靺鞨人同甘共苦，一起耕种织布生活，练兵习武，使这里形成了市镇。

有一天，大酋长卓然仲象来到想隋的屋内，与想隋一起商量合兵一处，扩大势力，统一靺鞨各部的事情，要拉想隋结拜为兄弟。想隋为难了，涨红了脸，低头暗想。卓然仲象是个英雄，有志气、有作为，年纪又与自己相仿，如果跟他做一番事业，心愿足矣。

于是开口道出实情说："我是女的，中原汉人，除非与男人结婚才同拜天地。"

卓然仲象说："你胡说，你哪能是女的呢？"

想隋说："我真是女的，有守宫砂为证。"

汉人皇宫中的少女，年满 13 岁时，就点上守宫砂，要是没有了守宫砂，就认为失去了贞操，会被活活打死。女人结婚的第二天，守宫砂就没了。接着，她把事情的前因后果一五一十地都讲了出来，卓然仲象听着，同情地掉下了眼泪。

不久，靺鞨人给他俩举办了结婚大礼。婚后同仲象二人共同治理郡邑，这里一天天繁荣起来，成为海东盛国。后来，人们把想隋叫白了，就叫成今天的响水了。

十、海碗的来历

渤海国每次朝唐归来，都能带回中原的赏赐和中原王朝的先进技术，学会了陶瓷制造技术，主要有碗、罐、碟、盘、瓶、缸、杯及建筑物件等。有一个民间流传的故事就说明了渤海人向中原学习的热情和刻苦精神。

是说有一位渤海国的国王，这个国王非常喜欢唐朝赏赐的一个贴金三彩瓷饭碗，只有用这个碗吃饭才能吃得香吃得多。

有一天，一个宫女一不小心把这个碗给摔碎了。国王大发雷霆，马上把这个宫女给斩了，还传下一道圣旨，凡做碗的陶瓷匠人，限期在两个月内做出贴金三彩瓷饭碗，做不出来，每人重打二十大板。

忽汗河右岸有一座手工作坊，作坊的老工匠虽然是渤海国里出了名的能工巧匠，也为难了。饭碗易做，可往碗上贴金边、印彩图可怎么办呢？

这一天，老工匠师傅用铁丝卷成大圆圈，抠胎型，在胎型上一圈一圈地绕金银丝。可是甭管怎么鼓捣，那金银丝就是不能粘连在一起，至于那绚丽的彩图就更没有门了。

日子一天一天地过去了，急得老工匠吃不好也睡不香，浑身出汗，眼冒金星，心里憋屈透了。

这一天，老工匠师傅面对着胎型和金银丝冥思苦想，忽然药锅煮开了，药汁流了出来，他连忙用手去揭药锅的盖，可是，他

151

用了很大的劲也没揭开，只好把药锅从炉上拿下来，找一个徒弟费了很大劲，才把锅盖打开。

老师傅琢磨着：每天这药锅盖不费劲哪？今儿个是……

老师傅突然眼前一亮，恍然大悟："噢，这准是白芨作怪。"

原来，他煮药时在中草药中加了一种能通气散瘀的白芨，白芨有粘连作用。

这一下可乐坏了老工匠。他试验着把白芨用水泡到火候，果然比胶还黏性好。于是，他把金银丝、彩图和胎碗用白芨汁牢牢地粘接在一起，再放进窑里烧制，磨砺、贴金、印彩，一个个金边三彩瓷碗终于研制成功了。

渤海国王看到碗的上端镶着几圈金边，中间还印着花鸟的三彩瓷碗，非常喜爱，马上起名叫大海碗，并规定这种大海碗只能宫廷使用，民间百姓们用小海碗。

十一、一夫一妻的来历

古时候，在长白山东北角下住着 20 多户鞑鞨族人，最东头住的是一个年轻勇敢而又心地善良的猎人和一个刚过门不久的媳妇。

有一天，猎人在森林里遇到一个"麻达山"（走迷了路）的鞑鞨姑娘，他顾不上打猎，走了好远的路才把姑娘送回了家。姑娘看猎人长得年轻英俊，心肠又好，便有意要嫁给他。年轻的猎人也有此意，隔不多久，姑娘便带着许多嫁妆来到了猎人的家里，做了他的二房媳妇。

又过了三年，好心的猎人又领回一个穿破袍子、又瘦又小、可怜巴巴的孤女，猎人叫她妹妹。

大媳妇嘴厉害得像把刀子，身子懒得头发都不愿意洗梳，还是个头顶长疮、脚底流脓的坏女人。二媳妇进门时间长了，也像大媳妇一样又懒又馋，孤女虽说受大媳妇和二媳妇的气，干活累点，可是猎人对她像亲妹妹一样，每天还是一边干活一边唱着小调，从来不知道愁得慌。

俗话说：女大十八变，越变越好看。

一来二去，孤女也长高了，模样也越发俊俏起来了，猎人更喜欢她了。

两个大媳妇看到这个样子，心里就有气，愈加变着法地虐待她。为了让孤女少受气，猎人索性娶她做了第三房媳妇。

没几个月，小媳妇就怀孕了。这一下两个大媳妇更来气了，两人一合计，想出了个坏主意。

一天早上，猎人对三个媳妇说："我要到很远的地方去打猎，很长时间才能回来。"说完骑上马就走了。

自从猎人走后，快要临产的小媳妇，每天早早起来，拖着沉重的身子去提水、做饭、打草、喂马、捡柴……从早忙到晚，累得精疲力竭。

这一天，小媳妇就要生孩子了。

大媳妇和二媳妇合计来合计去，悄悄定下了毒计。

两人在门外支了一口大锅，倒进了大半锅野猪油，锅底下点上旺旺的火。

刚准备妥当，就听小媳妇的屋里传出一阵小孩子的啼哭声，两人从门缝里一看，是小媳妇生了一个又白又胖的小子，两个大媳妇又是嫉妒又是眼馋，一齐冲进屋里，一把抓起小孩，跑出屋门外，将小孩扔进院中滚开的油锅里，可怜那个刚出生的胖小子，还没活上一天，就被狠心的两位大妈给活活地害死了。

说来也巧，猎人正在这时骑着马进院了，他看看炕上奄奄一息的小媳妇，看见油锅里被炸干巴的儿子，他什么都明白了。他左手抓住大媳妇，右手抓住二媳妇，把这两个蛇毒心肠的坏女人一齐扔进了滚开的猪油锅里炸死了。

从此，多少年过去了，再没有人娶两房媳妇了。

假如有想要两房媳妇，或者有女人想给有钱人当小老婆，马上就会有人提醒你说："你疯了？不怕下油锅呀？"

从此以后，渤海国人实行一夫一妻制，这从考古工作中已得到了证实。

十二、渤海人好养猪习俗的由来

传说，玉皇大帝有一天早朝。

各方天神、星宿等都出班呈奏："王母宝镜在人间变为一泓波平如镜的大湖，叫镜泊湖，请玉帝同我们到下界去欣赏一番。"玉帝准奏了。

天宫里看猪的小童久住天宫，看各路神仙都同玉皇大帝走了，他也想看看天上的宝镜在下界究竟是什么样子，于是，便悄悄地跟随在众神的后面来到了镜泊湖。

小童看到青山像秀美的镜框，湖水像透明的宝镜，惊奇得手舞足蹈、心花怒放。他想看看宝镜的镜框到底能有多长，就沿着湖边山崖跑了起来。

跑着跑着，忽听得背后有"呼噜、呼噜、呼噜"的声音，回头一看，坏了！原来他走时忘关天猪的圈门了，小天猪也拱开圈门，一起撵小童来了。

小童急忙往回轰赶，哪承想这些小猪天性好动，初来人间，觉着一切都稀奇，左躲右闪，跑得深山密林到处都是，他忙活了半天，也没撵着，这时，他见天色已晚，玉帝和各路神仙都腾云驾雾返回天庭了，小童怕再晚了自己被关在南天门外，只好也回去了。

王母娘娘听说放跑了天猪，特别生气，又听说天猪不愿返回天上，更为恼火，便惩罚天猪不得再回天上，饿死在凡间，并重打了小童五百大板，关进大牢。

小童在天牢里天天还是惦念着天猪，天上的猪也是不食人间香火，天上一天是凡间十天，猪一定是饿得快不行了。他哭得昏天暗地之后，就偷着逃出天牢，来到蟠桃园。

他拔了许多猪在天上时吃的菜，一把一把往凡间地上撒……撒了半天，累得倚在南天门的柱子上睡着了。

天猪们也都饿瘦了，就冲着小童喊叫："你撒的菜都飘到人间别的地方去啦！我们吃不着，我们在镜泊湖的最高处莺歌岭哩！"

小童一听醒来，琢磨着怎样才能把猪菜送到天猪跟前。

山里人饲养的野猪

　　他找来一根天绳把猪菜一棵棵穿成串，又用手捏了许多小陶猪，当作坠儿拴在天绳上，于是抛到天门外。

　　也真灵验，这些成串的猪菜就在天空飘飘悠悠地直落在猪的面前。人间的百姓看到像条线儿似的从天上落下来的菜，就叫它"线菜"，后来叫成苋菜了。

　　这些猪有了吃的，从此就生息繁殖在人间了，这些苋菜吃剩下的就生长在地上了，那些小陶猪也就埋在土里了。从此靺鞨都爱养猪，喜吃猪肉。

十三、渤海国里懂鸟兽语的人——萨多罗

　　传说，在4000多年前的齐国有个叫公冶长的懂鸟兽语，在862年前后，有个渤海僧住在唐朝长安城里，叫萨多罗，他也通鸟兽语。

　　人们说他能听懂鸟和兽的语言，往往只要听到鸟鹊燕雀的喳

喳声，他就能立刻说出鸟儿说的是什么，比如在哪个街道、院落里发生了什么事情，等等。

有一天，天气很热，萨多罗与一伙中原朋友骑马到城西去闲逛。路上，他们看见一头大母猪带领一群小猪崽往前走，一边走，小猪一边叫着。

其中有一个人对萨多罗说："萨多罗，这些小猪说的是什么你知道吗？"

萨多罗回答说："小猪崽总是吵吵要吃奶，大母猪就对小猪崽说，行行行，向前行，树荫下吃奶那才行。它要到前面不远处的大槐树下才能给小猪喂奶。"

众人听了，都很惊奇，让马儿慢慢地尾随着猪群后面，以便核实一下他说的话到底对不对。

果然，人们见到，这群猪遇到水沟也不打腻，看见猪圈也不往里钻，而是一直走到大树底下，老母猪这才给小猪崽喂起奶来。

这件事一时轰动了长安城。

后来，一些达官显贵觉得这件事很有趣，经常有人考问萨多罗，他的回答都得到了证实，人们都称他是公冶长转世。

十四、龟趺驮碑的来历

说的是渤海国时期，忽汗河畔有个响水邑。

这年秋天，邑长白乞仲象和妻子秀娥正与部落的靺鞨人举行丰收秋祭，忽然，听到东面一阵山崩地裂轰鸣声，只见五里地外一处水柱冲天。白乞仲象便催马扬鞭前去观看。

只见板石地上出现一个大石洞，洞口哗哗地向外喷水。又见洞旁有一个妖物，圆圆的身子，小胳膊，小短腿，手掌脚掌如簸箕，长长的脖颈挑着个小脑袋，脑袋上长着两个绿豆大的眼睛。

白乞仲象用石块向怪物身上猛砸，那怪物气急了，横扁着身子，伸着大手掌向他扑过来。

白乞仲象闪身躲过，又用脚狠踢怪物肚皮，发出咚咚的响声。怪物不但毫发未伤，反把白乞仲象弹出去挺远。

白乞仲象急了，大喝一声，举剑向怪物刺去。怪物眼中放出绿光，刺得白乞仲象二目难睁。怪物又一张大嘴，一股腥气直奔白乞仲象，他立刻人事不省。

妻子秀娥看丈夫成了这个样子，急忙与众人一起把白乞仲象抬回部落，给他灌了人参汤。不一会儿，白乞仲象就苏醒过来，急忙让人请一位老萨满来燃起达紫香，祈祷天神忽尔汉恩都哩快来降妖。

人们只见天空中禅云一朵，金光四射，莲台上坐着天神忽尔汉恩都哩，八道金光从莲台上射向怪物，怪物见状连忙向响水邑的南面跑，却让金光把怪物给缚住了。

人们追向前去，用刀斧剁它的四爪，可是怪物把四爪缩进甲内，剁它的脖子，怪物又把脖子缩进腔子内。人们焚香祈祷天神处死怪物吧。

这时，从天空中落下一块大石碑，一下子压在怪物身上。石碑上写着：

　　蛇父龟母生龟趺，

　　奇形怪状犹蛇毒；

　　前爪锐利能开洞，

　　妖气崩开玄武湖；

　　天降石碑留此处，

　　永镇龟砆兴京都。

　　众人这才明白，这个怪物叫龟趺，定睛一看，这个怪物已经化为一块石龟趺，身上压着一块大石碑。

　　后来，渤海国逐年兴盛，成为海东盛国，人们就用石龟趺驮石碑，这个风俗也就一直延续下来。

十五、"响水"的来历之二

　　传说，有一位拉胡琴的老艺人常带着一名叫"水儿"的女儿到处流浪卖艺。

　　那老人琴拉得好，水儿姑娘长得又漂亮，歌声婉转动听，爷儿俩的演唱深受人们喜爱。

　　渤海国王知道后，派兵强行将水儿抢为己有。可是，水儿在宫中不饮不食，每天以泪洗面。老艺人思女心切，黑天白天一直坐在宫城北墙外的石头上拉琴，抒发他心中的愤恨和无限思念女儿之情。

　　流尽心血的琴声，点点滴滴渗进城外的忽汗河（牡丹江）里，使得淙淙江水如泣如诉。

渤海国王夜晚听到哗哗的忽汗河水凄凄惨惨，十分害怕，便问水儿："水儿，这水为何响？"

水儿回答说那是父亲正在拉"想水儿"的曲子，要求国王放她出去见父亲。

铁石心肠的国王不但不放水儿出去，还派兵制止老艺人拉琴，可是，当兵丁们到老艺人身旁一扯衣服，才发现他已经变成一尊僵硬的石头塑像了。

后来，忽汗河水一流到老艺人拉琴变成石塑像的地方，仍旧听到哗哗作响。久而久之，人们就把那个地方叫作"响水"。

现在的渤海国宫城遗址处的村子还叫"响水村"。其实，那不过是江水流经这以玄武岩为底的江段时，由于落差大，江水自然而然地有哗哗水响声。

后来，水儿姑娘知道父亲已死，心灰意冷，终于绝食身亡，以死反抗了国王的残暴。

十六、渤海国大石佛的来历

传说，很早以前，镜泊湖有位打鱼老汉叫孙晴。

这老人为人忠厚，家境贫寒，一辈子以打鱼为生。

有一天，他打了一天鱼也没打着，两手空空赶着破牛车回家。

半道上，他遇见一个身材魁梧的白胡子老人，要坐车捎脚。

孙晴寻思，若让他搭车，他这大块头怕压坏破车；不捎他吧，又不忍看他年迈行走困难，于是只好让这个人上车。

当老人坐上车时，破车被压得真像要散了架一样，咔吱咔吱的声音更响了，老牛也累得直喘粗气，孙晴一想自己干脆下地走吧。

好不容易将就到了家，回头一看车上，哪有什么白胡子老头，只见车上坐着一尊高大的石佛。

孙晴一下子明白了，这是佛祖显灵啊！

从此以后，他每天都打很多鱼，很快有了一些积蓄，他就张罗修庙寺，将石佛请到寺中。寺庙修好之后，一时信徒云集，香火旺盛，故起名兴隆寺。

十七、丝路上的马匹

在漫漫的丝绸之路上，马匹是重要交通工具，一切辎重都需通过马驮运至目的地，这就对驮官选马、用马提出高要求。选用马被称为选脚力，唐代渤海时北方民族对马十分看好，渤海国每年定期从扶余草场选大量驿马，称为"丝路脚力"，那些马一般都是个头不高不矮，腿粗鬃长，后部宽厚，被称为有驮力。选定后，要由专门的驮工为其装饰，准备上驿，就是上道，驮货了，被称为贡马。

准备上道的马从扶余草甸的马场到达各驿后，选出各驿的马官给马剪鬃，就是剪去马眼前的前鬃，不使其鬃毛过长，以免起风时刮动鬃毛挡住驿马的视线，接着，要为马做腰身的垫套，这十分讲究。

驿道贡马的腰上垫套是由选自北土的野麻（也称荨麻）掺黄

菠萝树丝来编织成的一种厚垫，按马腰背的尺寸来铺展，然后再在垫套上安置货架。垫套的装饰上可以分辨出马的身份和性别，一般选用公马，它背上的垫套左右下角都被绣织上牡丹，打眼一看便知是贡道马号。如果是母马，它背上的垫套就要绣织上石榴，表示脚力源源不断、生生有续，这种观念是对丝路脚力的稳定发出一种企盼，是民俗观念的延伸。

但无论是牡丹还是石榴，这些驿道丝路上的贡马都要时时替换，以分段分驿来选定，由于路途遥远，一般是每200里便替换一次脚力。那时，驮队从上京（今镜泊湖）出发，到达东京城就全部替换或选替，那些脚力发软、腿打晃的马匹，便被替换下来，等到达龙井或和龙，已有许多新的脚力补上，再经过新安（今抚松），又要再选替，穿过漫长的峡谷到达西京鸭绿府（今海江）时，这些马便完成了北线丝路的陆上之命。

到达临江时，货上江船，马进"大坳"（望江楼马场）休整。

那时，望江楼一带有大马市，许多长途跋涉腿力不支的驿马被替换下来，转手卖给当地的一些地产、商贩，西京鸭绿府一带有许多皮店，专门将伤残、腿脚使废的马匹收来，由皮店屠宰制皮，再在皮店熟皮制成各种绳索套具、服饰袋子等，是十分红火的生意。而补充的马匹和健壮的马匹，再由驿头带回下一驿站，等待另一批贡品的运送，对于马匹，它们就这样生生死死。

等贡货从山东蓬莱海船卸下，又要由驮官将货装上那里的驮马，再从蓬莱经潍坊，到达济南，奔往开封和洛阳，去往西安，这又是一段漫漫长途。我们从南宋石刻纪念馆中可见到许多兵马的模样，那些马，都是有功的马匹，石刻对它们的摹写刻画，生动、活态，是丝路上的艺术品。

马匹都是昂头仰脖，一副奔波载重形象。

马眼圆睁，透出伶俐生气。也可以看出这一段丝路的马匹与北土的不同，从蓬莱到洛阳，路途多是较平地带，驮货载运比较顺畅，脚力也多选那些个头平均、高矮相宜，但后腿胯裆一定要宽、厚，这是驮马的最重要标志，但鬃毛也都剪去，以免平原上的劲风吹刮而挡住驮马视线。

驮马一般没有复杂的笼头。因它们驮载时往往是每五匹至十匹连在一起，由一个驿头牵着头马，其余马的笼绳拴在前一匹马的货架上，以便牵带，所以它不像拉车拉挂的马，要系上繁复的肚带和绞绳，这种渐变的索带，便于驮马轻松前行，舒服自己的驮力，这是贡马驿道驮货的不同之处。

十八、江排和江筏

东北亚丝绸之路，除了翻越千山万壑的峡谷与荒岭，必须经过的就是江河，载满重货的驮队到达了西京鸭绿府（临江），眼前的万仞大山就再也无法穿越了，自然把他们逼到了绝境，这时要想去往长安到达大唐，就只有改乘江船了。

江船，就是指从西京鸭绿府（临江）的望江楼上船，一路西北而去，到达上海船的地方安东（今丹东）。可是当年，一般的船无法从这条落差极大的江道上航行，唯一能走的只有江排和江筏。

这种江排、江筏，是长白山老林里的木帮们的独创。那种"船"，完全以一根一根的大树主干串起来，组成一个巨大的"排子"，排子的各大树之间，以整根的白桦树干当串杆，做排的人以一种利器——俗称"锛子"的来抠眼，将桦树——又称"桦杆子"插进大树的木眼里，固定成大排。大排的头前，以整棵大树为"棹"（就是大船的舵），划排的人又叫"头棹"，在排的前头抱住它，以身体的重力来挖制木排不打晃、不走偏，以保证木排子上的货物能平稳运送。

但是，由于这种木排子所行走的江道是处在极陡的落差上，排子时时会出现危险，木排常常会撞崖、碰崖，而使木排"打排"（碎棹）或"起垛"（最严重时木排会一下子卷成一个木山子，所有人必亡，所有货物都瞬间沉入江底）。

运送贡品的排子起垛，震惊了荒山老林的一切生命，这是人无法应对的灾害，是一种自然的灾害。

据长白山大阳岔的老木帮张道广说，他太爷就死于大江木排起垛之灾，此事已过去 100 多年了……

北流水老恶河上有一处叫抽水洞的地方，这个哨口十分险恶。

有一个放排的到了这儿，没法过，知道生还无望，于是就直奔着碰子撞去。只听"嘣"的一声，排头拱到石碰子上，排先是往后一缩，紧接着一个猛子扎进水里，又一蹿一钻，从前方十几米处钻出水面，而后边的排也跟着排头，顺顺利利地过了抽水洞。人不但没死，排也过去了。

江排之一

就是这个用命换来的经验，成了吃排饭人的谋生手段。

所以排快到抽水洞时，就有人在江边敲锣大喊：

"过抽水，过抽水。"

意思是有人能帮助你顺利渡过抽水洞。

这时，如果有的老排没有经验丰富的老卯子（头棹）在上面，就要请人帮助渡过这段险哨。因此要停靠讲价。

"什么码？"

"给个斗钱。"（指一斗红高粱）

"这个打不开。"（指不同意）

二人讨价还价。一旦成交，这人上排过哨口，排上头棹上岸步行到下一哨等着。

另外，还有挑垛（开更）人，也是一种吃排饭的人。

开更是十分危险的活，吃这口排饭的人价码也高。开更曾是当年长白山里一种十分流行的职业。

江排之二

挑垛是一种典型的吃排饭人干的活。当年每到流放最繁忙的季节，长白山大江两岸，天天有游动着吃排饭的，他们或住在各个危险哨口的老乡家里，或住在山窝铺里，或骑着驴跟着排在岸上走，专等排起垛，他们好吃排饭。

这些人一般都身怀绝技，并且要和管这个地段的绺子掌柜的打过照面，或去报报号，取得他们的认可才行。这叫"考票"。实际就是拜见"吃票"（他们也属于黑道上的人，所以要上贡）的头子，以取得所谓的合法的挑垛权，不然这些吃排饭的就算是身怀绝技，得了钱，也出不了山。

所以吃排饭的在开更前，要先到绺子处报到。进去后，双手抱拳举放在左肩施礼道：

"西北悬天一块云，乌鸦落在凤凰群。不知哪位是君，不知哪位是臣？"

这时大掌柜的已从吃排饭的腰上挂的"排票"上看出，他是干啥的了。这种排票做成琵琶样儿，有巴掌大小，其实是排上

"棹把"的形象化。这是用来表明自己的身份的。

大柜问道："爷儿们从哪来？"

吃排饭的要回答："称不起爷儿们，抱老把头瓢把子……"（老把头，就是表明自己是吃木把饭的）

江排之三

大柜接着说："啊，吃排饭的。"

"对对。"

这时，吃排饭的要递上"排票"，说："大柜，等这一排下来，我来恭敬大掌柜和弟兄们。"

大柜也笑了，说："给这兄弟倒酒上烟。"

"谢了，谢了。"

"掐着台上拐着。"拿着烟，坐炕上抽吧。

这时，吃排饭的不能久留，要抽一口递过来的烟，表示信得过，然后要起身立刻告辞。

于是，众匪们也说："你就放胆挑吧。"这算是认可了。

有时，起垛的排只有一根卡住了。开更挑垛的老手要从这数不清的木头中，一眼分清是哪根卡住了，然后手提一根三米多长的铁棒，从岸上跳到排上，跳着走，脚踩在翻滚的原木上，若稍有不慎落入水中，立刻就被挤成肉饼。他来到垛前，把看准的那根长木猛力一挑，只听"轰隆"一声巨响，木垛开了。排经过重新的穿修，又可以流放了。

吃排饭也要懂规矩，要有先来后到。每到这样的季节，岸上吃排饭的人不少，他们往往看价而动。

排起了垛，头棹征得本木营掌柜的同意，就要出价请人开更。这一类是木营出钱讲价。还有一类是这一季包给某木把，这开更所有的花销都由承包人自己定夺。往往请一个开更的，这一季的活就白干了，但不请又不行。

一看木垛越起越高，掌柜的或派来管事的就大喊："谁来开更，大洋二百啦！"

岸上吃排饭的人闻声却都不动声色。

掌柜的又喊："三百啦！"

还是没有人吱声。

"五百啦——"

有人眼神儿动了动，看看周围，已有人蠢蠢欲动。也有吃排饭的，因为开更价给得高，动了刀枪。

有的一看对方要下手，就问：

"你属于哪山的叫驴？"

另一个也恶狠狠地回答："吃东山马二爷的饭。说话带刺，小心我敲碎你的脑瓜骨。"

168

那人也不让份，说："你吃肉，也得让咱哥儿们喝点汤啊……"

"穆桂英挂帅——你还阵阵落不下呢。"

"好小子，你真尿性！"

为了赚钱他们争得你死我活，互不相让。

吃排饭的除了让地方上的土匪、马贼们"吃票"外，还有的靠官兵、屯大爷、军阀和地痞无赖什么的。谁背后靠得硬，谁就能争取到好的开更活。

开更人挑开了垛，也得拿着大洋到绺子上，把钱褡子里的大洋泼撒在炕上，说："大掌柜的，留给弟兄们花吧。"

土匪们一看他挺仗义，也会说："都是咱自家的人，出生入死的血汗钱儿你留着花吧。"

吃排饭的这时才能说："谢大掌柜，谢弟兄们。"

土匪和吃排饭的一般是三七开或四六开分成，到后几十年越来越少，也可能只吃一成。但对不肯来靠绺子吃排饭的主儿，土匪们也不敢轻易动他们，要打听好了他是吃谁的"靠"，不然惹出麻烦会两败俱伤。

当年，在长白山里，流传着著名的吃排饭的老汉董炮的故事。在北流水和南流水的望江楼两江口一带，一提起董炮，木把们那是尽人皆知。

那是1901年的一个秋天，长白山里涌满了木帮，谁也说不准有多少伙放山流送的大掌柜。这年的7月，临江大木把金怀塔的木排在"阎王鼻子"起了垛。

阎王鼻子哨口是名不虚传的阎王地府，距门坎子哨半里之遥。

最长的排前到了阎王鼻子哨口时，排尾还在门坎子哨口。那年，金怀塔的六副排到了这儿，中间第二副一下子撞到阎王鼻子哨口的石崖上，后边江水一拱，当时起了垛。开更的大洋从五百起价到千元以上。吃排饭的人命也搭上了两条，再没有敢下手的了。

这可咋办？开更价已出到1200大洋，可没有一个人敢照量。

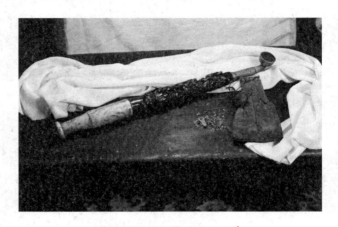

董炮用过的烟袋（庄鹏 摄）

这时有人提议找董炮。

董炮，是当年在长白山里有名的吃排饭的老手，他原是山东掖县人，领着三个儿子闯关东来到东北，专门挑垛吃排饭，三个儿子因挑垛死了两个，剩下一个儿子，也让木排砸断了腿，瘫在炕上。

董炮那年已70岁，几年前上山打猎，眼睛又让火药烧瞎了一只。如今不找他又没别人，于是，金怀塔拍板定夺，决定亲自去请董炮出山。

董炮住在离阎王鼻子40多里远的杨木林子屯，像他这样吃排饭的名手不用在岸边哨口候着。等金怀塔一行人骑着毛驴到那儿时，天已近黄昏了。

他们只听说有个叫董炮的，也没见过这人。进了屯，他们见路边有个碾房，听里边有嗡嗡的拉磨声，就停下来问："有人吗?"

碾房里传出一个苍老的声音："找谁?"

"董炮老汉。"

"找他干啥?"

"你知道他住哪儿吗?"

"你找他干啥吧……"

金怀塔手下的有几个人不耐烦了，刚想发火，金怀塔一摆手笑着说："我们找他有要事呀。你认识他?"

"有要事?"那人还是不出来，说，"有啥事，说吧。"

金怀塔说："这么说，你真认识他?"

老人在屋里说："何止认识，俺就是……"

"啊?"金怀塔乐了，说，"大爷，俺是请你去开更。"

"开更?"

"对。"

"哪儿的件子?"

"长白金怀塔。"

"啊，是金大柜。咳，不行，我老了，恐怕干不动了……"

"不，你行，能干动……"

"能吗?"

说完，碾房破门"吱扭"一响，一个人慢慢走了出来。

他一出现，所有的人都泄了气了。夕阳残照的碾房前，一个又老又小的老头站在他们面前。

这老头，头已经谢顶，一只瞎眼已经干瘪，满脸的皱纹，大夏天还穿着一件破棉袄，而且，背已经驼了，腿也弯了，根本不像民间传说的那个神奇的挑垛老汉。

金怀垛一见眼前这个传说中的挑垛神人会是如此模样，一时愣了神儿。

还是老汉自己发问道："你们找我?"

金怀垛说："你，你是董炮大爷?"

"这屯子就我一个姓董的，怎么，不像?"老汉可能也发现了对方的惊讶和冷淡。

老汉说："我可能是不行了吧?"

金怀垛说："行，行吧。"

他本是顺情说好话。如果当时对方坚定地说，别勉强了，拉倒吧，那也许就拉倒了。

可谁知，老汉却说："行? 行我就去试试。"

"……"

看大伙愣着，他又说："走，先到我家去取挑棍。"然后他卸了驴，带领众人去了他家。

事情到了这个份儿上，推辞还不好办了呢。大伙便硬着头皮跟着董炮进了他的院子，只见一个瘫疤儿子正拄着拐在烧火做饭，一看来了人，也愣了。

老汉说："三，来客人了。做的啥呀?"

"有啥呀，大饼子，萝卜炖土豆。"

"这哪行呢。来客了没肉……"

老汉说着，向天空撒目（看）。

说来也巧，这时，就见天上飞起一群野鸡什么的。老汉自言自语地说："也没啥下酒的，拿两只尝尝吧。"

大伙见到这个董炮后，就知道找错了人，哪有心思吃他的饭哪。可好歹人家是一片热心，金怀塔想，这老头是不是吹牛呢，也想看个究竟，于是说："来两只也行！"

"行？"

"行。"

说着话，这老汉进屋从墙上取下火枪，连装带瞄不到半袋烟工夫，只听"噹"的一声响，三四只野物从天上栽下来。

枪一响，蹲在他门口的一只大黄狗忽一声蹿出去取猎物去了。

大伙一见董炮这枪法都愣了，心想可不能小看这老汉。

金怀塔带头叫好："大爷，您老真是名不虚传哪。还是那么好的眼力。"

"不行了，不行了。"

董炮连连叫着，摇摇头，又说："这次也不知能不能挑开。"

金怀塔和伙计们齐声说："能，准能！"

于是，大伙吃完一顿野味，就和董炮出了村。

董炮当天晚上到了阎王鼻子，借着月光跳上排，看准长木，只听"哗啦"一声就挑开了垛。

类似董炮吃排饭的人在长白山里是大有人在，这就是中国大东北的传奇，也是木帮们真实的神话。

木帮文化造就出一批奇特的英雄人物，这些人物构成一个新的文化形式和内容，这些形式和内容也丰富了东北地方文化。

江筏，又叫江筏子，是以三四层大木垛串成的长方形大筏，人把货物摆放于上面，以粗绳拢好，上面盖上牛皮防雨水，便可在江上运走了。

这种江筏，由于是顺水流放，最难之处依然是掌握平衡。由于江道上哨口——除滩诸多，木筏子很难顺利把货运到"南海"（安东），常常是筏毁人亡。老筏头（撑挖木筏）的头人身披皮袄，整日整夜地蹲在筏子前头，不进来筏上的木棚子里安歇，不错眼珠地盯着江道，生怕出现什么闪失。

当年，在运送贡品的江上，除了木排子和木筏子外，别的船只根本不敢走水。可为了能及时运货和救人，木棚子和木筏的后边往往拴带几只小舢板、小木筒子船或"小威呼"（一种能乘一二人或三四人的小船），以便出事后放入水中，及时救人捞货。

但等木筏子被撞碎或碰烂，再放小船下水，还有什么用呢？可不带这种救命小威呼又不行，因一旦出了事，人往往被大木挤死、挤烂，小威呼可以专门捞那落入水底的尸骨碎肉，这被称为"接客"。

接"客"，就是活人已不活，成了"死鬼"，所以是"客"，是人间以外的来客啦！所以拴在木排、木筏后边的小舟、小船，一般的人是不敢碰的。

174

为防止江水上筏，在筏子的木面上铺有厚厚的皮张，一般都是用牛皮。那种老牛皮非常结实，但遇水发亮、打滑，而春夏经春水浸泡，加之大地气温迅速上升，江上木筏子上臭气飘荡，熏得人直吐。但木筏往往比木排子能安稳、保靠，是北方丝路江上的重要运贡品工具。

十九、海船

贡品到达安东、庄河，就要换装进在海上运行的船，被称为帆船，有大桅杆的那种巨船，以便渡过大海，这才能到达西去长安的蓬莱之地。

为了能横渡苍茫的大海顺利到达长安，就得有结实的海船，以抗海上的风暴和巨浪。唐和渤海时，北土的海边还没有能造出这种大船的船场和船埠，渤海人便遣使人去大唐习练船艺。当年，整个东亚和东南亚近海海域已经建起了自己的船场。而当6月的南风劲吹，从初建、泉州下南洋经商的人便出海而去，此时朝廷要选出各种大船，以保护海上线路行商人的安危。当年，海上海盗也多，许多中国大船队都带着许多"火船"，一旦判定对方是海盗，便借风放出"火船"，点着了对方的盗船，把海盗吓走。当渤海人学来了造船技术之后，北土之人先后于渤、黄海的安东，东海的"毛岭口"（今珲春）一带建立了船场造海船，以其将上京、中京、东京和辽南一带的土特产"贡品"安全送达蓬莱，再去往大唐长安。

据靳海丹撰写、郭忆静整理的《科罗湾海战》记载，在新航

从丹东奔往蓬莱的垛子船（富育光 手绘）

路与新大陆发现，开始争夺海上霸权的时代，在陆地上靠马，在海上就靠帆船。《荷兰联合东印度公司的开始与发展》中记载，当时福建泉州一带已可造两桅、五桅，甚至更多桅的大船，而北土的政权为了进贡，也不得不精通这种技艺。

造出各种海船是本领，如何能顺利将贡品运送过大海又是一种本领。当年，过海的朝贡押送官员也得依靠常年在海上"吃贡饭"的"船爷"，才能顺利到达。那时，在海上有一个出名的

"舵爷"，人称"三柄斧"，没有他的护航，贡船很难从安东和庄河上岸，去往蓬莱。

舵爷"三柄斧"姓韩，当地码头上又称他为"韩三爷"，他们家哥三个，全吃这口饭，专门护送贡船渡海去往对岸。

北丝绸之路的驮帮从上京龙泉府一出发，就要备好沿途对付那些截道、卡子、江匪、海盗的资费，主要是打点各种"护路""护江""护海"的伙子们银钱和物品，往往还要有渤海国大王或从五位（相当于军事和外交方面的使臣）所发放的"令旗"方才能路过。

令旗又叫"路条"，似那种三角形的龙旗，仿大唐令旗而制，威武、飘逸，插于马背的驮架子上，江船的盖货牛皮上，过海的货绳上，以示"有护"。

有护，就是缴过了陆资海资，如果有海盗来袭，格杀勿论。

韩三爷之所以称为"三柄斧"，是因为他腰上别着三把利斧，一旦有海盗劫船，他先抛出第一把斧，那斧立刻飞出去，砍在对方的船帮上，斧把上刻有"韩"字。如果对方还不理会，他便抛出第二把斧，那斧立刻飞出去，瞬间砍断桅绳，使对方船帆"哗"地一下落了下来，想跑已不可能；如果对方还不退，韩三爷便会抛出第三把斧，那就是直取对方的人头了。

一般的海盗，在韩三爷抛出第一、第二把斧时，已经知趣地退了。

但也有不知死活者。

这时，韩三爷便会发出"火船"。火船，这是唐和渤海时期北土民族的独创，它使用的是长白山里的"明子"来引烧海盗的船只。

火船，往往在仓里码满了层层松明——长白山里浸满了松树油的老树枝条，那种"明子"，又称"火木"，远远望去，白色的松板已被油子浸泡得通红、闪亮。火只要一上去，只听"轰——"一声，立刻大火通天烧起，再也不灭！

海盗的船只对韩三爷的"火船"怕极了。他们往往一见渤海来的贡船后边系着一串串小"火船"，立刻吓得退去。

这一手，在辽东和北丝绸之路上，使海盗望而生畏、听而胆寒，不敢靠近。

韩三爷当年也是海盗，但他的阿玛因抢夺送贡船只被山里人放了"火船"，活活葬身大海。老人临死前对三个儿子说："崽呀！这是天报应。今后，你们护海吧……"

于是，三个儿子从此干起了护海的"买卖"。

每当渤海国的江船卸下了贡货，韩三爷不但在海岸上接货，还要询问："带长白山的老明子了吗?"

来人答："带了。三爷!"

韩三爷又问："带足了吗?"

来人答："足足三筏子!"

于是，韩三爷笑了。

后来，据说韩三爷遭了海盗们的黑手，惨死在海上，尸骨被埋在大鹿岛上。听说后来也有人给他盖了一座庙，在大鹿岛、小鹿岛、宫城岛上都有，但那已是久远年月的事了。

第二节　丝路歌谣

在往昔，人们很少一门心思去观察文化的存在，总认为某方面的文化稀少，或不常见，但一旦人专注地从一个主体方面去寻找和挖掘，就会有许多的文化被发现，就比如"北方丝绸之路歌谣"吧。

丝绸之路歌谣有一种传承脉络，即从唐甚至更早的贡道文化、朝贡文化，到较近的元、明、清时期，北方的各民族人民在依靠驿道、卫所、丝绸的生活中，萌发出大量的生活歌、劳动歌、情感歌，都属于这一类的文化。

我们来认真地罗列一下。

一、渤海宫廷歌谣

在中国古籍中，这类歌谣保存了不少。

1. 《勃海贺正表》

在宋人洪皓的《松蔓纪文》中，载有一篇致唐的《渤海贺正表》，全文为：

三阳应律，载肇于岁华；
万寿称觞，欣逢于元会。
恭惟受天之佑，如日之升。
布治惟新，顺夏时而谨始；

卜年方永，迈周历以垂休。

臣幸际明昌，良深抃颂。

远弛信币，用申祝圣之诚；

仰冀清躬，茂集履端之庆。

这首古代诗歌，以标准的四六文体，对大唐的政治思想和文化进行了详细的歌颂，文字和内容华丽流畅，清新工整的骈体文，可以看出其文字造诣的深厚。

2.《奉和纪朝臣公咏雪诗》

昨夜龙云上，今朝鹤雪新。

怪看花发树，不听鸟惊春。

回影疑神女，高歌似郢人。

幽兰难可断，更欲效而颦。

758年，大钦茂所遣赴日副使杨泰师，是位归德将军，武将能诗。他在日本所作的《夜听衣诗》和《奉和纪朝臣公咏雪诗》，极其新美，读之回味无穷，其中"昨夜龙云上，今朝鹤雪新。怪看花发树，不听鸟惊春"把北方的自然状况和背景写得活灵活现，花发树上，却不听鸟争春。那是北方的自然现象——雪雾树挂！真是惊奇极了。后来，此诗被收入日本古诗集《经国集》卷13，得以流传至今（见谷长春主编《吉林地域文化通览》，中华书局，第88页）。

3. 《赞镜泊湖》

碧绿的湖

碧绿的山

宁静的明月

宁静的沙滩

几多溪水

曲曲弯弯

花如锦

草如茵

美人安在

看！西子着轻纱

恰是画图一幅

人称世外桃源

这里原是小长安

这首歌词见于《东北亚丝绸之路历史纲要》，也不知哪位诗
人所写。

4. 《相赠》

折桂何年下月中，

闽山来问我雕虫。

肯销金翠书屏上，

谁把乌莵过日东。

郯子昔时遭孔圣，

綵余往代讽秦宫。

嗟嗟大国金门土，

几个人能振素风。

这里说的是唐代福建人徐夤听了来访的渤海进士高元固介绍渤海士大夫如何珍惜徐夤的诗，徐氏即兴赋诗一首相赠。

5.《惜别诗》

疆里虽重海，

车书本一家。

盛勋归旧国，

佳句在中华。

定界分秋涨，

开帆到曙霞。

九门风月好，

回首是天涯。

这是一个渤海名士远访江浙名士的历史故事，堪称诗话佳传，可惜渤海王子在中原吟哦的佳句失传，无法鉴赏。遥想当年，渤海国文人骚客在这一条丝绸之路上写了多少诗篇和词、赋。观花赏月，酒绿灯红，都少不了吟诗作赋、短令长歌。这些无疑都是中华民族文化的重要组成部分。

二、民间歌谣

渤海民间歌谣十分丰富，有许多穿越久远的历史岁月流传至今，依然十分清新，充满了情感和活态的魅力意味。

1. 《摇篮曲》

花摇车，轻轻摇，

红布条，悠悠飘；

左边挂着箭，

右边挎腰刀。

摇啊摇啊摇啊摇，

宝宝撒撒婆婆娇（觉）。

悠啊悠啊悠宝宝，

摇啊摇，长大了，

长大出门就上道（丝绸之路），

赶起贡车奔唐朝。

这首歌谣选自《珲春文物志》。

悠　车

2.《小阿哥》

小阿哥，长得高，
进屋还得猫猫腰。
小阿哥，力气大，
敢和牤牛顶爬架。
小阿哥，会骑马，
千八百里不算啥。
小阿哥，弓拉得硬，
长大专门去朝贡。

这首歌谣选自《中国歌谣集成·吉林卷》。

3.《我的阿玛回来了》

这是一首采贡歌，是关英兰口述、著名民俗文化学家李果均先生在珲春镇搜集整理的，在民间流传很广。

海参崴，大海滨，
阿玛前去叉海参。
海参黑，海参大，
我的阿玛不害怕。
大海浪，像座墙，
阿玛骑着下南洋。
南洋有个菠萝洲，
又出菠萝又出油；
还有夜叉放水牛，

十人去了九人留。
只有一人不怕他，
骑着大风回到家。
你猜这人能是谁，
这人就是我阿玛。
我阿玛，回来啦，
我们全家笑哈哈。

4.《公差哥儿跑得欢》

佐领府，水来靠，
割把青草拌马料。
大马吃，小马跳，
一跳跳到老爷庙。
老爷庙前是驿站，
黑马白马都备鞍。
狠打马，紧扬鞭，
公差哥儿跑得欢。
过大岭，翻高山，
换人换马不换鞍。
跑得小马张巴嘴，
跑得大马两腿弯。
大马跑死三千六，
小马跑死六千三。

不送银子不送钱，

只把军情来回传。

公差哥儿跑得欢（关云德 剪纸作品）

该歌谣由黄金贵口述，李果均采录整理，采录于敦化官地镇，选自《中国歌谣集成·吉林卷》。

5.《丈二鳇鱼江中捞》

新城府，三宗宝：

欧梨果，粘豆包，

丈二鳇鱼江中捞。

拣又拣，挑又挑，

挑挑拣拣送皇朝。

皇爷吃了乐陶陶，

黎民百姓累折腰。

累折腰，也没招，

明年还得照样捞。

这首歌谣由胡春、张洪福口述，吴占林采录整理，流传于扶余乌金屯。

鳇　鱼

6.《乌苏城》

乌苏城，三样宝：

苏子叶，粘豆包，

还有寒葱在山腰。

咱们选，咱们挑，

挑挑拣拣送皇朝。

皇爷吃了乐逍遥，

黎民百姓累折腰，

明年还得照样交。

这首歌谣是由孙英林口述，孙廷尉采录，流传于伊通县。

7.《桦树皮》

吉林城，三大奇：

松子、昆布（海带）、桦树皮。

一样一样全备齐，

全都贡到京城去。

松子又香又健身，

昆布专拌凉菜吃。

桦树皮，做筐箩，

里边装上黄烟叶，

谁来了，自个撮，

一锅一锅真要火。

抽得将军吧嗒嘴，

抽得格格乐呵呵。

这首歌谣流传于吉林市、珲春和延边一带，是一首贡品歌。

桦树皮

8. 《三宗宝》

关东山，三宗宝：
人参、貂皮、靰鞡草，
其实还得加一宝，
那就是个鹿茸角。
这些宝，古来少，
人得进山可山找，
只要找到就备好，
一车一车往上缴。

此首歌谣广泛流传于长白山区。

9. 《参女婿》

停了雨，住了风，
村外去挖婆婆丁。
婆婆丁，水灵灵，
骑白马，配红缨，
扬鞭打马一股风。
三尺箭，四尺弓，
拉弓射箭响铮铮。
敢打虎，能射鹰，
多猛野兽也吓蒙。
又穿山，又过海，
送贡进到老京城。

贡货进到皇爷手，

保准升官又加封。

升了官，加了封，

你说英雄不英雄。

这是张泰青讲述，著名民间艺术家刘凤云采集整理，流传于青沟子一带，一些情节在流传中略有变异，但这是满族人家选女婿时的标准和习俗。

10. 《一把剪子》

一把剪子剪支箭，

情哥武艺带身边。

什么猛兽也别怕，

一路顺当大道宽。

一把剪子剪纸画，

情哥知道我想他。

我想他，快点回，

送完贡品往回走。

一把剪子剪棵草，

花草就等清水浇。

妹盼情哥即刻转，

别等花落草儿老。

这首歌谣流传在北土的朝贡道和丝绸之路上。

第五章
传奇应当延续

东北亚丝绸之路的文化，已产生了自己独具的文化力量，结出了自己的文化硕果。就如敦煌古路上的《丝路花雨》一样，在东北亚丝绸之路上，丝绸之路的巨大文化内涵已经转换成我们今天生活中的文化盛宴，给人们的生活和生产带来了新的理念与希望。

第一节　大型情景剧《盛世契丹》

东北亚丝绸之路是一条巨大的文化带，文化带上，处处开满了文化之花；东北亚丝绸之路又是一棵文化之树，它年年岁岁结出了自己的文化之果。大型情景剧《盛世契丹》就是东北亚丝绸之路的文化硕果。《盛世契丹》讲述了古时东北亚丝绸之路上繁华的历史故事和盛大的渔猎场面、独具的渔猎盛景，好客的北方民族的性格，恢复了契丹道上自然、历史和文化的厚重原貌，如今已经形成了巨大的有代表性的文化典范。

这个文化盛景，产生了大型的情景剧《盛世契丹》。自从2019年创作公演以来，在生活中引起了巨大的反响，它讲述了丝绸之路上的难忘的岁月记忆。

《盛世契丹》主要讲述在契丹道的主要地段，今天的松原一带的故事。特别是春捺钵的自然故事、历史故事、文化故事，讲述辽王如何在这里进行春捺钵、夏捺钵、秋捺钵、冬捺钵的历史盛况。捺钵，契丹语，行在之意，四季捺钵，是辽金文化的创举。特别是春捺钵更具盛名。情景剧《盛世契丹》记载了强大起来的辽朝如何接待四方朝见宾客的宏大场面，早春，契丹道上依然冰天雪地、冰封雪冻，可是，辽王已经在冰雪上摆开了盛宴，并且举行盛大的冰雪之宴，凿冰捕鱼，射雁采珠，招待来自四方的贵宾高客，喝什么酒，骑什么马，玩什么游戏，十分独特，充满了神奇吸引力。全面记述了东北亚丝绸之路的自然盛况、历史盛况、文化盛况。

这个如《丝路花雨》一样巨大而非常丰富的文化成果，而今已经演变成一条重要的经济发展之路上的文化成果，那就是冰雪文化成果、渔猎文化成果。冰雪文化、渔猎文化通过《盛世契丹》所展示的东北亚丝绸之路正从远古走来，到达了今天的契丹道，形成了盛世契丹、冰雪契丹的查干湖这颗闪闪发光的文化明星。

在漫长的历史岁月里，查干淖尔（蒙语，白色的湖泊）坐落在夫余（今松原）科尔沁草原前郭尔罗斯大地上。它就是俗称的查干湖，中国第七大淡水湖，自古就盛产各种鱼类，《盛世契丹》记载的四季捺钵就发生在这里。这里的独特渔猎文化，是东北亚丝绸之路文化所展现出来的一部分，传承了自己鲜明而独特的历史记忆和神奇、神圣、神秘的历史过往。在辽金时期，古代的春捺钵和四时捺钵，正是传递和延续了古老的东北亚丝绸之路的民族传统，而今日的查干淖尔渔猎文化习俗，正显示了东北亚丝绸之路文化的清晰走向，并形成了自己独立的文化类型和典范。

查干湖冬捕鱼习俗已被正式列入了国家级非物质化遗产名录。查干湖渔猎文化遗产也正式列入了吉林省非物质化遗产保护园区。在这里，从远古到今天，正在展示着最后的渔猎部落那深深的文化内涵和渔猎人的情怀及壮观的景色。可以说，这是吉林八景中所形成的冰湖腾鱼的代表性地域，正是丝绸之路契丹道的中心地带。

冰湖腾鱼吉林八景之一和《盛世契丹》中记载的鲜明的传承和记忆，已经是吉林省乃至全国绿水青山标志性的文化符号，更是冰雪文化也是金山银山的概括性典范，那就是冰天雪地也是金山银山的理念，它对查干湖渔猎经济、旅游经济产生了巨大的引领和变迁。已经举办二十届的查干湖东北渔猎文化节对查干淖尔渔猎生产产生了翻天覆地的巨变，昔日的一个小渔村，如今已变成了中国最美的北方渔村，国家五A级文化景区和自然生态保护园区。

每当9月的秋风吹荡着东北的草原稻田，到处出现了稻花香，接着查干湖壮丽的冬捕就开始了。查干湖保护生态形成的冬捕使东北大地震撼起来，人欢马叫去冬捕，冰天雪地展示丝绸之路的情怀。这是今天的《盛世契丹》，这是古代的盛世契丹所未有的新的盛世，这是古老的情景剧所展示不出来的文化盛世。

以查干淖尔冬捕为代表的渔猎文化告诉人们，这里的文化是丝绸之路文化的久远的延续。

查干淖尔第十九代渔把头石宝柱说，过去我打鱼，苦了一辈子、穷了一辈子，如今我不但盖了新房子，还开了石把头鱼店；第二十代渔把头、石宝柱的徒弟张文说，查干淖尔打鱼生活，使我走上了新的康庄大路。

查干淖尔渔把头满春雷、李长军、张喜民、刘兵、王凤辉、邵亚伟、陈立军、高青松、李长东、邓连庆、宋东洋、夏景明、曹立民……每个人都有满满的收获，盛世查干渔猎，使他们过上了新日子。

从记载远古盛世的大型情景剧《盛世契丹》到今天改革开放以来，冰雪文化发展的契机，催人奋进，更加使得查干湖、东北渔猎文化节形成了今天的新的四季捺钵，夏赏荷、秋观鸟、冬渔猎的四时盛景，充分传递了东北亚丝绸之路巨大的文化力量和历史力量。

第二节　跟着一本书走

东北亚丝绸之路文化，已经形成了新的文化走向，中央电视台开辟了一个新的文化专题，叫跟着一本书走……

　　走进哪里？走进田野，走进文化，走进东北丝绸之路。2020年，他们选择了跟着一本书走进东北亚、走进契丹道东北亚丝绸之路，他们选择了记载古老的东北亚丝绸之路故事、我的《最后的渔猎部落》，这本书记载的是东北亚丝绸之路上一个村落巨大的变迁。

　　这个村落坐落在东北亚丝绸之路上，从前这个村落叫西山外屯，可是自从有了古老的查干淖尔冬捕以后，这里就成了中国"最后的渔猎部落"了。

　　现在这个渔猎部落，是根据我的作品《最后的渔猎部落》一书所描述的村落而改成和建立起来的。

　　记得那是 20 世纪 70 年代。有一次，我在考察东北历史和文化的时候，不知不觉地走进了一个村落。这是什么地方呢？只见冬天，当第一场大雪纷纷落地，许多地方的人都在家猫冬时，这里的许多人却走进风雪，他们在旷野上背着网绳，牵着马，一伙一伙地向荒原走去。他们是干什么去？后来我一问才知道，原来他们是去打鱼（冬天捕鱼）。

　　冬天怎么能捕鱼？我十分好奇……

　　于是，我就跟着他们一起走了。我和他们走进了打鱼人的网房子，跟他们一起凿冰捕鱼，和他们一起生活、劳动、作业。这才知道，这原来是人类最重要的文化生活，也是东北亚丝绸之路上最壮丽的活动，是丝绸之路上古代早有的冬捕。于是，我写下了《最后的渔猎部落》。

　　此书由上海文化出版社出版之后，获得了中国作协与江苏作协联合举办的中国首届徐霞客杯优秀作品奖，而且在江苏南通举办了颁奖仪式。当时，主持人让我谈一句心底的话，我说，东北是一块时时在感动着人们、人一旦被它感动又忍不住去感动别人的土地，也就是我的《最后的渔猎部落》所记载的故事。

故事，是浓缩的人生。故事，是东北亚丝绸之路的缩写。于是，我的这本书一下子成为人们非常关注的历史作品，先后被翻译成英语以及俄、韩等东北亚诸国文字，在世界上普遍流传。同时，又被中央电视台"跟着一本书走"专栏选中。中央电视台以此书为媒介，跟着它走进田野，走进东北亚，专门拍摄了东北亚丝绸之路，并跟着《最后的渔猎部落》走进东北亚丝绸之路的腹地。契丹道上的丝绸之路故事，就这样产生了重大的文化力量。

首先，它改变了一个地域。本来，《最后的渔猎部落》发生在一个叫"西山外屯"的小村子里，而这本书问世后，经过中央电视台"跟着一本书走"栏目组的着力推出，一下子使这个小村落火了。不但年年在这里举办渔猎文化节，而且村落发生了巨大的变化，家家开起了鱼馆、鱼店，人们开始走上了脱贫致富的路。

与此同时，小渔村带动了周边村落的振兴。穆家村、莫尔格其、巴郎、青山头村都看着这里。于是，当地决定把西山外屯改名叫"最后的渔猎部落"。

改换村落名字是根据联合国教科文组织要求，虽然把西山外屯改名为"最后的渔猎部落"，但名称后一定要标注曾用名：西山外屯。

如今这个最后的渔猎部落村，不但把我书中的"把头胡同""皮匠胡同""铁匠胡同""渔猎人家"地点恢复，当地作家孙正连、华树龙还写出了《曹保明与最后的渔猎部落》一书。一部著作、一个新的村落，终于在东北亚丝绸之路上应运而生。

第三节 好一条文化丝路

东北亚丝绸之路是一条真正的文化丝绸之路。而且，在东北亚的好几条丝绸之路上，都有展现这些文化的戏剧、情景剧、著作、文化专题活动，它把丝绸之路文化彰显给世界。其中包括记载着农安县历史文化的黄龙戏《情系黄龙》。

黄龙戏很早就被列入国家级文化遗产，它记载了东北亚丝绸之路上的一段段重要的历史故事。《情系黄龙》讲述的历史故事尤其深入人心。这些以黄龙府为背景演绎的历史故事，把人们的心引向了远古的黄龙文化，其传承人赵贵君作为黄龙戏国家级代表性传承人而记入史册。

还有位于东北亚丝绸之路上的"海西东水陆城驿站"，今天的哈尔滨双城"海古寨"，这里建立了大型的满族先人肃慎文化广场、城池，盛情接待来自四面八方的游客，成为独特的丝路村镇。还每日演出大型历史情景剧《海古寨情》，它记载了东北女真和满族生活的历史风情，把满族的民族婚俗如骑马接亲、跨火盆、接弓箭、舅舅铺红毯等一一展现，还有打开城门接待宾客、十八般武艺、跑火池、上刀山、跳萨满舞、刺绣等民族风情，都记载在海古寨的历史情景剧中了。

在今天的抚远，赫哲族人们也年年举办自己的大马哈节。

抚远的渔猎文化节极具自己的地域特色，使得许多黑龙江对岸的那乃人（也就是赫哲族原名）回到自己的故土来，他们思念旧地，饱含深情地回到这块土地上，充满深情地回忆从前的渔猎岁月，展出大型的渔猎文化工具，还讲述故事、合唱民歌，举行各种文化交流。这些文化活动把东北亚丝绸之路的文化深深地融汇在中俄人民的心中了。

秋风，挟带着大地早晚生出的严霜寒气，日夜吹刮着黑龙江和乌苏里江汇合处，我国东北的抚远，草在一夜间就由绿变黄了，这时候，居住在这里的赫哲族渔猎的黄金鼎盛时期也开始了，于是渔民要日夜起早贪晚地守在江边，捕头一拨上来的大马哈鱼，称为"抓季"。抓季，就是抓住季节，掌握好捕鱼的节点。大马哈鱼是从遥远的大海（鄂霍次克海）洄游到乌苏里江、黑龙江来产卵的鱼类，每当立秋之后的时节，它们就从大海启程，经过一千多海里的奔游，等到达乌苏里江和黑龙江流域时已经是我们这里八月中秋节前后，也就是阴历的九月中下旬了，而且，大马哈鱼分三期到达，每期大约在十天至半月左右；头一期（也称为"头一拨"）鱼肉又肥又硕实，它们游到这里，可被勤劳的赫哲渔民所捕获；二一拨，它们有些瘦了，由于长途奔劳，已有两颗门牙龇出嘴外，皮也略显得粗厚，但里肉依然鲜嫩；三一拨鱼到来时，已接近冬季了，它们已瘦得皮包骨，有四颗门牙龇出嘴外，那些鱼已不适合食用，被渔民们用来喂马或直接晒干做服饰或鱼皮靰鞡所用。所以自古以来，生活在大江两岸和三江平原的赫哲族人就必须掌握好这个时间季节和节点，渔人们学会了观察乌苏里江和黑龙江沿岸草丛中蛾子的颜色，以此来断定捕鱼时辰，当草丛中蛾子翅膀呈蓝色的时候，头一拨第一批大马哈到了；当草丛中的蛾子翅膀颜色呈灰色的时候，第二拨大马哈到了；等草丛中的蛾子翅膀呈灰白色的时候，第三批大马哈到了。这种绝妙的观察和算计历经的办法千百年的渔猎生活使他们对自然的判断准确无误。就如在我国西北的茶马古道上，马帮们一般是观察花椒树开花时就上路一样，赫哲人也是盯着草丛中蛾子颜色的变化适时而动；茶马古道上的村落人说"黄鹂鸟，树上呢，郎打千里路上呢"；赫哲人说"人要懒，没人管，三批棒子打你脸！"是指捕鱼下手晚了，只能捕来第三批大马哈，那鱼已经瘦得如干柴棒子，可用来打人使用了。

赫哲族，是一个古老的渔猎民族，古称那乃、黑斤，民间称"鱼皮部落"，主要居住在我国黑龙江省同江、抚远一带，如果说中国地图是一只雄鸡的话，那鸡嘴的地方便是黑龙江和乌苏里江汇合处的抚远，这儿素有"华夏东极"之称，是最早将太阳迎进祖国的地方。抚远总面积6262.48平方公里，边境线长212公里，辖5乡4镇，69个行政村，1个县属国营农场和国营渔场，总人口12.6万，盛产鲟鱼、鳇鱼、大马哈鱼、三花五罗十八丁（也叫十八子），鱼品种有21科105种，是"中国鲟鳇鱼之乡"和"中国大马哈鱼之乡"，这儿如今是中俄边境之地，以黑龙江和乌苏里江为界江，但在远古时期，我国领土远达距此地960公里远的库页岛和鄂霍次克海（民间称"东海"），据《明代东北》（李健才著，辽宁人民出版社 1986 年版）记载，明代"永乐二年置奴儿干卫（在今黑龙江口下游亨滚河口对岸特林地方）""从永乐七年（1409 年）到宣德七年（1432 年），又派内官亦失哈等多次巡视奴儿干……明在黑龙江南北、乌苏里江东西、松花江流域等地，先后建置了一百一十五个卫"。明代设"海西水陆城站"，从陆路底失卜站（今黑龙江省双城县拉林河北岸的石家崴子古城）出发，沿松花江和黑龙江下游两岸的四十五个驿站，到亨滚河（恨古河、恒古河）口北岸的终点站——满泾站，水路从今吉林市松花江出发，顺江而下，直抵奴儿干都司，是历史上"野人"女真各卫头目进京朝贡的路线，其中第 23 站"莽吉塔城药乞站"就在今抚远县东黑瞎子岛上的木克得赫屯（今抚远抓吉镇的小河村），而终点是还有三十一个驿城的今俄境内的"特林"之地（距此还有 960 公里的入海口一带），这个地域的失落的辛酸故事可在《雪山罕王传》和《萨哈连船王》（《满族说部》，谷长春主编，富育光口述，曹保明整理，吉林人民出版社 2016 年版）中所见。

莽吉塔驿站和古城遗址纪念碑如今屹立在抚远火车站不远的后山上，紧靠黑龙江西岸，是国家级文物保护单位，以南便是紧挨黑瞎子岛的小河村。那古碑静静地藏卧在莽莽的草丛中，另一侧是山崖，崖下是滔滔的黑龙江，江水拍岸，水色发黑，由于此处不远便是黑龙江与乌苏里江汇合口，江水又大又深，就是没有风浪，大水也时时拍打着崖石，发出隆隆的回响，仿佛在述说着一个个古老而又使人难忘的记忆。可以说，莽古塔是我国境内的最后一处边缘驿站了，它处在茫茫的荒草中，在独自地述说着古远的岁月的历程。莽吉塔山上还有一座"白王爷庙"，里面供奉的据说是一条白蟒，它时而将头探出，打量着茫茫的黑龙江远去而流入遥远的大海，因此，此庙香火旺盛。据小河村守庙的白家兄弟讲，每当江上的船从庙山前经过，都要拉响汽笛，求白王爷保佑行船平安或打鱼丰收，小河村那古村与这座古庙有着渊源的联系，这使得古村的风俗传统更加浓郁，每年的赫哲族渔猎开启时，渔民们都要来这里上香，平时也是人流不断，如今的莽吉塔驿站遗址和白王爷庙已成为抚远的旅游胜地了。

赫哲族渔民捕鱼活动首先要举行隆重的祭江仪式，今年的赫哲渔民捕鱼开江仪式和大马哈渔猎文化节还有中国赫哲族民间文化传承基地挂牌仪式同时举行，由当地赫哲族大萨满尤军带领众人在乌苏镇的抓吉山下的江边举行。抓吉是赫哲语"湿地上一片高岗"的意思，俄人称为"大黑契尔"，我们称为"亮子渔村"（也叫抓吉村）。赫哲渔民认为，捕鱼是向大江索取，捕鱼前必须要祭江神，以保佑渔民出江出海平平安安、满载而归。祭祀开启，先在摆在江岸的神案上摆上猪头、糕点、瓜果等祭物，然后，渔人吹响了鹿箫号，梆子和鼓这时也一起击响了，在一片隆重的响动声中，人们点燃了出船下水的鞭炮，这时开始请江神。大萨满深情地唱道：五花山上飘白云，乌苏里江畔赫哲人，三通锣鼓惊天地，盛世时节祭江神……

在这虔诚的歌声中，众男女萨满纷纷出场，上香跳祭祀舞，念请水神咒语"伊力嘎革仑故仑哦布杜里厄……"（求神灵保佑，抚远的人欢迎朋友），这时，开始取圣水，求天赐福，跳起了"鱼舞"。由大萨满领众人开跳。鱼是抚远赫哲人久远的图腾，人们钦佩大马哈鱼洄游的精神和举动，它们从遥远的大海游来，不怕种种艰险与苦辛，最终游到了黑龙江、乌苏里江，甚至到达松花江水域，这是一种自然神力的回归。这时，去江边取圣水的大萨满已取回了圣水（江水），他开始围着托罗杆子跳三圈儿，随后把圣水向来参加仪式的各位身上弹着，预示着人人可以分享这古老的仪式祝福，包括打鱼的平安吉顺也分给大家，这时，敬神祀歌《色翁尼麻木》响起来了，那是大萨满的祝福歌，他唱道：保天下太平，百姓安康，连年有余（鱼），风调雨顺，幸福万年长。

大萨满尤军从小和父亲尤毕坤下江捕鱼，爷爷尤德库也是赫哲族出名的大萨满，乌苏里是他们家族心底的大江，尤军记得，他小的时候，郭颂就到他家里来做客，而且直到长大了，他听郭颂唱《乌苏里船歌》，心中时时想念这个歌者，他还亲自去哈尔滨给郭老师送去赫哲人打上来的大马哈鱼，后来，郭老师多次在他家里住，白天出去到渔村采风，郭老师也认为，他是找到了真正的赫哲渔人啦，尤军的母亲葛玉霞也是赫哲族中著名的萨满歌者，连瑟瑟的秋风中也飘荡着浓浓的赫哲族渔猎文化的久远气息，还有，就是这个古老渔猎民族的神奇而古远的自然文化……

我们见到，在抚远的抓吉渔村，道边上的渔民家门前木杆上处处都晾晒着大马哈鱼，散发着浓浓的海鱼的自然气息，鱼肉粉红，泛着橘金的色泽，与空中飞翔的蛾子翅膀的晶莹光泽，就像点点金属的光芒，在茫茫的抚远晴空里闪烁，大马哈如一首古老的民歌，正悄然地唱响在茫茫的北土，如滔滔江水，流淌在人们的心间，这时候，人人都会觉得，大马哈鱼已不单单是一条条洄游至乌苏里江和黑龙江水域的鱼啦，它是一个个令人无比难忘的久远的记忆。

这个季节，其实是赫哲族情思缤纷的季节，是赫哲人情思奔放的季节，是这个古老民族充满了思念的季节，是赫哲人充满了回忆的季节，对这个民族来说，鱼不单单是一种鲜味，而是一个久远的难忘的故事啊。洄游的鱼，牵扯着一个让族人无比难忘的情怀，每当这个季节到来，远在 300 多公里外的今天已属于俄罗斯阿穆尔州哈巴罗夫斯克的"纳尼"区的人心也在动，他们在此季早早的时日里，也在准备着来抚远参加赫哲人举办的渔猎文化节，他们准备好要穿的族人的盛装，准备好要弹拉的乐器，选好要唱的歌子，也要千里迢迢奔往古老的抚远，怎么能说光是大马哈鱼从遥远的鄂霍次克奔游到它们出生的故地呢？其实，还应有如鱼一样的古老的氏族"那乃"人啊！

那乃，俄罗斯人称"纳尼"，由于历史的原因，这部分赫哲人今天生活在哈巴罗夫斯克，那儿专门有一个"那乃区"，而且当地的赫哲人还专门成立了一个"纳尼剧团"，以别里特·维克多·巴甫洛维奇为团长的俄罗斯《纳尼》民族歌唱团，特意从俄罗斯赶来参加这次挂牌仪式和大马哈渔猎文化节，他们带来许多深情和具有浓郁赫哲人文化情怀与意味的歌曲和节目，如合唱联唱《那乃故乡》《我们返回自己的岸边》等，而且，别里特（别里契）告诉我们，这个姓氏在今天的哈巴那乃区是个大姓，这是从前赫哲人的大姓，相当于今天的中国赫哲族的"尤"姓、吴姓等，是一个有古老传承的民族符号，而且，为了到达抚远、参加这次大马哈渔猎文化节，他特意亲手制作了一把小提琴和一个口弦琴，精心制作了古那乃人的服饰，那种深绿色的半长大袍子，带帽耳的那乃帽，极具古赫哲人特色的鞋子，每当站在那里，风吹动着他们（包括女人）的帽耳，在风中上下翻动，让人不能不心动，从而感受到远古时期的少见的影像和江风在吹打着他们的样子，这是一个经受了苦难的有情意的民族啊！他们带来的节目与抚远民族歌舞团的节目轮流展示，当一首《那乃故乡》上演时，我们看到，这是一首由古赫哲族那乃人用阿基马萨马尔语（古赫哲语）歌唱的民族古歌，伴奏的正是别里特制作的小提琴（杜契埃庚），这种乐器，正是古老的赫哲族民间乐器，它如一个盆子坐落在那里，半口朝上，这种乐器在萨哈林（黑龙江）海岸有着久远的历史，弓弦乐器的分布区非常广泛，可在蒙古人、布里亚特人、曼西人、图瓦人和古朝鲜那里见到，令人遗憾的是，现如今这种乐器在我国已经不为人们所使用，它成了博物馆的珍藏品，可是令人兴奋的是，这次别里特却亲自制作，并带来表演，而且他的妻子是亚库特人，这是所有在俄的赫哲人的心愿啊，这时，他们的歌声响起来了……

来到阿穆尔上游地带

松花江河口反射出光亮

来到阿穆尔下游地带

阿姆贡河河口打开

这是我出生成长的地方

这是我最爱的地方

阿穆尔河的中游

是所有那乃人的故乡

这支歌声中，我们看到唱歌的那乃人基蒙科·柳芭·阿里契夫娜、巴萨勒·亚历山德拉·维切斯拉沃夫娜、阿宁科·噶丽娜·瓦莲金诺夫娜等人都已是泪光闪闪，风，吹动着她们的帽耳和长袍的一角，仿佛已掀开了岁月的一角，无数思念的心灵在回归，这叫人觉得，无论有多么强烈的俄罗斯气息，可是在歌调的深处，人依然能够听出那久远的岁月的留迹，那是心灵的歌啊！五个那乃歌者，自然地站着，好像寒冷的秋风吹拂着黑龙江畔的小草一样，那是树的枝条在扭动，我们虽然不懂语言，可是听着她们的歌时一切都懂了，从她们的身影晃动中，从那心底流出的动静中，人可以读懂她们，一种古老的族情，隔不断千山万水地流来。

这时，别里特的独奏和他的口弦琴以及他的独唱开始了。他的歌调中有无限的孤独，乐器与古歌，都仿佛为孤独而出，真正的那乃的轮回、迁徙、孤寂和思念，那乃呀，这是你的孤独之声，那是一个民族漂泊、流浪、迁徙、走失、寻觅，到底是什么已不重要，这完全是一种保留，它留住了一个久远的过往，那是一个失去的存在，古老的那乃，它回来了。一个自然的传承，被保留在异国他乡，是那么的完整，保留了一种真实和坦然，这种没有任何音响伴奏的简单的吹奏合唱，让人们真正读懂了一个民族的失散之苦，别里特的歌中带着真正的"乡愁"，啊，人类那些无情的岁月，淡化了多少记忆，人的生活中其实往往忽略了许多珍贵的文化记忆，这本来是不该被忽略的历史，今天，我们在祖国古老的的抚远，我们深切地感受到失去的珍贵是多么重要，让人不能不记起，世上有许多存在是那么重要。厚土无言，我们要去读懂它。

风把古老的那乃之歌传向远方，灿烂的阳光照耀着北方抚远，这个赫哲族大马哈渔猎文化节正如不久前在全国少数民族文艺调演中获奖的《乌苏里船歌》一样，其实那已不是"船"歌，而是"传"歌了，那是一种古老的民族之恋，正在"传"向远方，传向大海，因为赫哲族人本就是古老的大海的子孙，在这个季节，人们在欢庆着鱼的归来，那是一种古老的文化在东北亚丝绸之路上的回归。

第四节　神奇的吉剧

吉剧，是古老的剧种，其中以记载东北亚丝绸之路大型剧目《三放参姑娘》为代表，写入了历史史册，产生了巨大的文化力量。

《三放参姑娘》是根据东北丝绸之路上重要的贡品人参的采挖，以及人参神奇的传奇力量所改编的一出重要的吉林剧目，也是国家级文化遗产。吉剧团桃李梅大剧院此剧演出以来，在社会上产生了极大的反响。

　　吉剧《三放参姑娘》讲述了一个久远的长白山人参的神奇故事，说有一伙放山，也就是挖参的人，老把头非常的苛刻，心狠毒，他领着挖参的人当中有一个小伙子，在放山的过程中，他总能看到山崖下站着一个姑娘。

　　那个姑娘微微地冲着他笑。挖参的人都是穷苦的人，她朝这个小伙子笑，使得挖参的小伙子心里产生了爱慕之情，但由于在过去男女有别，所以他不能表示什么，回去就把这件事跟把头说了，把头一听，立刻明白，那根本不是姑娘，而是一棵大山参。于是他就告诉小伙子，下回你再见着，立刻把她抱住，她就跑不了啦。可是好心的小伙子到的山上，他又看见山崖下那个姑娘在冲他笑，而别的人却什么也看不到。这时他想起了把头的话，而把头也记得他在那个位置上看到的姑娘，于是就把他留在了那里。

　　小伙子上前和姑娘唠嗑，姑娘说自己是一个穷苦的山里姑娘，从小长大，没有爹妈，而且也希望能抱住她，然后和他成为夫妻。可是小伙子还是害羞得脸红，没有去抱。一连三天小伙子都没这样做，这天把头看他依然空手回来，于是气得把小伙子扒光了衣服，绑在树上，让他喂小咬。长白山里有一种非常狠毒的瞎蠓也就是牛虻，叫作小咬，一天一夜之间就可以把人的血吸干，而好心的小伙子被把头绑在这里，夜渐渐地深了，眼看着小伙子就要被牛虻咬死，这时姑娘突然出现，她一下子救了小伙子，抱着小伙子不放了。

可是这时候，埋伏在一旁的把头围上来，立刻将人参姑娘捕获了。

而小伙子一见自己心爱的姑娘被狠心的把头们捕获，十分气愤，就和他们厮打起来，可是他斗不过狠心的把头，于是小伙子只好含冤而死。可是奇怪的是，他死去之后，却被人参姑娘神奇地救了出来，后来，二人成了夫妻。《三放参姑娘》反映了长白山朝贡道丝绸之路上神奇的记忆。

而这出大戏自从上演之后，引起了人们极大的关注，特别是以吉剧的形式问世之后，在社会上产生了巨大的反响，自此百演不衰。

究其原因是长白山人参的神奇的文化力量，那就是在长白山朝贡道上，也就是东北亚丝绸之路上的各种人参的奇特故事和记忆，引起人们重大的关注，其中还有一个告舌参的故事。

在从前的朝贡道沿道人家谁家有奇参或其他贡货，定要上报，踏娘青兰说："那还是我父在世之时，有一年秋天去老白山里放山所得。此参称为'告舌参'。平素如有何难解之谜，只要对其讲，它便告知你去处和所在。"

当下，录事秦栓柱和踏娘青兰在长白山早春那飘着凉爽春雾的夜里，向青兰家走去。此刻，一轮升至顶空的被春夜浓雾所包裹着的明月时而钻出浓雾，由洁白银晶变为橘红，时而又隐入浓雾之中，山野由明亮变为朦胧，四野沉静，气息神秘……

唐渤海时北国有约，山人如采挖到独特奇参，先献于国，定有重赏，渤海王定会将奇参贡送长安唐王，送者会得重赏或委以官职，秦栓柱从驿书升为录事，呼尔塔由录事升为从王位都是由于从北土带去了奇参宝参送与唐王而得，现踏娘青兰言说自己家藏有异宝奇参，录事秦栓柱喜不可言哪。当时，录事秦栓柱随踏娘青兰去看个究竟。她家住在新安驿后山，三间木屋，一座院落，杖墙全以木桩圈围，有牛、鸡、鸭在里边走动，院落西南角有一木棚，上无盖，冬季覆以树枝遮雪，春夏敞开，以迎照阳光。来到这里，录事发现了奇迹。那里，早春的山野，残雪还没有化尽，风中还透着严冬的寒冷，青兰又对录事叮咛，爷爷特别不爱言语，你千万别见怪。

长白山里形状奇怪的山参

踏娘青兰家是山里那种穿堂院落，从大门进去，便是外屋，穿过外屋才能进入后院的居室，她家的参园子紧靠着北面居室，平时阳光可以随时照入参园，但人要进入参园必先经过外屋过道。进得院落，录事见青兰家外屋过道亮着灯光，近前才发现有两个老头在饮酒，一位一部山羊胡须垂在胸前，似雪样白亮，一位连鬓胡子圈住脸庞，胡子与头发扎撒着，如一只刺猬。青兰低声道，那银亮胡须者便是自己爷爷，另一位是"伐头"，他常年在林子里伐木，冬天山场子活完了，他就下山来我家和爷爷闲坐。

走至近前录事才看清，两个老头各坐在一个木头墩子上，他们中间也是一个木头墩，只不过那木墩子底小上大，像一朵大蘑菇被翻过来的样子，墩上面树的年轮清晰可见，密密细细足有千条，树墩上撒着一小堆"无腿大海米"（俗称"盐豆"——以盐炒过的黄豆），二人各执一盛满"老烧"（北方小作坊酿造的土酒）的海碗，喝一口，拾一粒盐豆放入嘴里；放入嘴里一粒，再喝一口，也不见他们说话。

经过二老身前，青兰弯腰施敬，说这是丰州录事，要来看看咱家的"告舌参"。青兰爷爷抬眼望望录事，以黑手从树墩子上捡起一个豆粒，扔进嘴里，咔吧一声，又猛喝了一口酒，没有咳声；伐头却连头也没抬。

录事心下很是尴尬，急随踏娘低头弯腰穿过外屋过道，进入内院。看看离开了过道，青兰不好意思地说道，你别怪他们，他们就是这么一对人，不说话的。一年说话是有数的。爷爷是伐头最要好的朋友，伐头一冬天进山场子伐树，四五个月才下山一次，二人见面也还是喝酒，没话。可是，一旦要说话，也能把你冲死。青兰讲了一件事情。有一年夏天雨大，一天爷爷上山采药材回来，就见一过路人站在她家门洞的过道上避雨，爷爷火了，大声说道，你站在这里干什么，我给你气受啦，你不进我们家屋哇？

过道人连连解释，不是那意思，我是见你家里没人。进了屋后，爷爷转身又出去了。那人本来饿了，可一想，人家留你避雨，已经很不错，饿也无法开口，于是头朝里倒下便睡去。

不一会儿，爷爷回来了。因那时，青兰上山上的"蕨菜营子"（一种专门住在山上采野山菜的窝棚场）采春菜没回来，爷爷便到邻家去借了一些大饼子，以皮袄兜裹着回来了，一见过道的在睡觉，气得叫道，起来！不吃饭就睡，我供不起呀？

山蕨菜

过道人连忙回道，不是这样。我以为避雨已经够讨扰你家啦。

爷爷扔下饼子，急忙上山干活去了。雨季山上易出"水蘑"（一种迎雨而生的真菌）。

谁知，那雨一下下了三天，过道人几次想走也走不了。第四天头上，雨停了，天晴了，过道人想走，可又一想，不对，人家好心好意招待自己三天，走时也得与人家道个别呀。这时，爷爷从山上回来了。一进屋，见过道人没走，气得说道，你是死人哪，天晴了还不快走，想让我养你一辈子呀。他不是一般的不会说话。

青兰的话差点让录事笑出声来，这真是丰州道上的怪老头。

这时，二人已来到了院落内里处的参园。那是一个以粗木刻架搭出的木棚子。刚刚开门，里面视线黑暗，录事什么人参也没看见，只隐隐约约地见到木棚中间的地面上堆放着两块大石头，足有磨盘那么大，哪里有什么人参呢？这时，青兰已从棚门口的一块木板上取下一盏灯笼，她擦动火石点燃那圆圆的红灯，木棚里渐渐亮堂起来。顺着灯亮看去，秦栓柱见地上的两块石头还有些不一样，一块黑中略略发红，一块灰中暗暗透白，又似半黑半白。那半黑半白的石头酷似一面磨盘上扇，呈天然圆形，旁边另一块略微发红的巨石，也有磨盘大小，只不过呈堆状，上面满是孔洞，是那种火山岩玄武石。看着看着，录事秦栓柱还是纳闷，哪里有什么人参呢？

青兰可能早已看出录事的心事，于是说道："你再细看……"

录事心想，我已经十分细致地看了，哪里有什么人参呢？再说，就是有人参，它不长在土上，又怎么能生在石头上呢？

可是踏娘青兰一再说，你一定要细看时，秦栓柱忍不住从青兰手里接过了灯笼。他举着灯笼，走到两块巨石跟前，弯下腰去，再举灯笼一照，不禁大吃一惊。原来，他终于发现了"人参"。只见在玄武岩磨盘石若干洞眼的最中间一个孔眼中真的伸出一棵参秧。那参秧从石孔中钻出，弯弯曲曲爬过玄武石，一点点钻入了旁边黑白相间的磨盘石下，又从磨盘石中间的一个孔洞中长出了自己的芦头。在红灯微弱的光芒照射下，录事发现，那从石磨扇中间孔中钻出的芦头已有二十公分高，但足有十公分枯干的"疙瘩"（人称珍珠疙瘩，是判断人参年岁的物证），而干疙瘩之下，又有无数新的珍珠颗粒不断生出，已延续至磨盘石孔眼处，向下已看不到，新的珍珠疙瘩已伸入石中，无法再辨。更奇特的是，那突出在石上的芦头时而挺立于石上，时而趴卧于石上，挺立时有如一老者扬头远眺，趴卧时又如一饱虎安歇睡眠。现在录事边听青兰在一旁指点边观看时，那奇参的芦头蔓正似一饱虎卧于石上的黑色一侧，所以他难以发现。

东北亚丝绸之路上的背坡人（关云德 剪纸）

啊，真是太奇了。秦栓柱叹了一口气想，他往来长安、契丹、新罗驿道多年，报送各种贡物无数，却从未见过这样的奇参。又忍不住问踏娘青兰，它如何生长呢？是生在土里呢，还是长在石上呢？

"这正是我要告诉你的。"青兰说，此参本应长在土上，可是由于周边没有土，根须便扎入在石中，上百年来，此参可离土，但无法离石。石动参必动，石走参必走，石挪参挪，参石不分。两石各二百斤。录事更有疑虑，一参"挑"两石，如何挑载得动？

青兰告诉录事，要拿此参，必拿此石，这两石，一是参的根窝，一是参的枝头，而参的枝头也就是它的芦头正伸出黑白颜色的石盘，石盘上的孔眼正在石上黑白两色石的中间，如心中有所求，或出门行走，或判断吉凶祸福与方位，两日前来要向玄武石上浇两瓢山泉水，再在石前对参石默念心中盼求，两日后于子夜再到石前观看，如参的芦头指向黑石，那是凶多吉少，如芦头指向白色石处，便可逢凶化吉。秦栓柱再一细看，只见那探出芦头的石盘正如一幅阴阳八卦图，在磨盘石的黑白色泽中心，那伸出人参芦头的地方正似阴阳八卦的"鱼眼"，心中更加称奇，也真正相信踏娘青兰的指点。

第二天一早，秦栓柱便去见呼尔塔。

早春，种种垛子往丰州集中，不同村屯垛子驮着不同方物奔往丰州，等着从这里出发，奔往神州（西京鸭绿府）临江，再从望江楼（亭）下的江口起船或起排西渡渤、黄海，去往西地长安，但驮运不同方物的垛子也是不同时节赶到丰州。当年，运往长安的主要方物就是长白山的人参，除此而外就是虎皮、松子、白附子、昆布和儿女口。

大山里，冬雪停飘之后，白色刺目，人踩在洁白雪上脚印成为一片片污物，与自然不协调，但那嘎吱嘎吱踏实的踩雪声让人联想起久远岁月前的繁荣，无数的垛子驮着林林总总方物来到这山里雪上，盘安郡王责成从王位清点驮帮货物，又重新编排驮子，组合垛子，定好起程日期和时辰，分别去往四方，人马均需踏雪而行。

火 盘

背坡人是丰州古驿上另一类重要的"垛子"。他们有自己的帮伙，并分出南帮、北帮、东帮、西帮、江帮、水帮、沟帮、谷帮，分工细密，不容轻视。长白山驿道有许多地段，骡马上不去，就得靠人背，于是生化出"背坡"帮伙。但由于盘安郡派出的垛子是"官垛子"，而他们"背坡"组帮属"私垛子"，常常不被人所看重，但他们在一些倒短（一些岔道）或货物陷在某某坡地段，却往往可以被派上重要用场，有时也能借"官垛子"争揽一些突发而至的生意，因此，一有垛子从各路到达丰州驿"大院"（人们对呼尔塔从王位管辖的部库地称呼），这些背坡的人便蜂拥而至，秦栓柱拉住呼尔塔说："大人，有了一个奇特之

215

物……"他于是把在踏娘青兰家看到的"告舌参"之事一五一十地说了一遍，又加了一句："这可是贡道上从来没贡过的奇物。"

呼尔塔一听，先是一喜，接下来又沉默不语。录事秦栓柱知道呼尔塔在想啥。这是件升迁及第的好事，但也是杀头死罪的祸端，如此人参，首尾连系两块巨石，如何送运？一旦在千里迢迢的路上垛子稍有上下错劲，人参秧一断，此货便一钱不值，这不是没事找事吗？

正在二人一筹莫展时，踏娘青兰来了，身后跟着两个老头。录事认出这正是奇参货主青兰爷爷和伐爷。呼尔塔斥退院心，亲自泡一壶山婆婆丁根鲜茶，端至两个老头身前。青兰上前施礼，对秦栓柱说："爷爷决意出山，上道去……但，只有一求。"

录事眼睛一亮，走近从王位低首耳语："大王，只要他出山可就好了。此参是他和儿子从几十里外的山林子里发现，挖掘，又背回，想必也只有他能驮运至长安。但不知他还有一求求什么。"

呼尔塔说："问问他。"

秦栓柱应诺，走近二老，一施礼："不知老人有何求？"

青兰爷说："吃饱。"

伐爷说："喝饱。"

呼尔塔一听，哈哈大笑起来，这算什么所求？

青兰却又上前深打一躬道："大人哪，你们可有所不知，他们可不是一般吃法，只要背上石货，为了赶路，他们一天只吃一顿饭，可一顿要吃上二十斤烤牛肉！"

呼尔塔和秦栓柱互相望望，连连说："那就依你，那就依你！"

青兰又说："还有，你们要当众挑选他们当'背坡'的，给一个名分，以掩耳目。不然，石参难过别亮子沟和老道槽子……"

提起这两个地名，呼尔塔唰地一下站起来，他心下顿时不祥起来，是啊，就在前年春和去年秋，就是在这两个地方，三队官垛子均被土匪所截，至今下落不明。"不过，"青兰见呼尔塔惊恐不定，又补充道，"只要爷爷他们上道，还请大人放心。"呼尔塔与秦栓柱互相望望，他又亲自给两个老头倒上新沏的山婆婆丁根老茶，问道："一应条件都答应你们，果真能将告舌参运往长安？不，不用到达长安，只要顺利过别亮子和老道槽子，就足矣，从西京鸭绿府上船奔海，就足矣。"

当晚，呼尔塔又随青兰去她家观看了一次告舌参。

踏娘青兰家的窝棚里温暖如春，有绿叶从一株枯干的参秧上吐出嫩绿叶芽。踏娘说，这是告舌参在等你。她轻轻剥开秧下浅土，只见一根参须慢慢展露出来。

只见那人参是长在两块石头上一般，无数细小根须自己一根根穿过石头上的小孔又继续生长，其主根扎入地下，不知多深，而芦头却有两个，中间有主秧连接，其头一东一西，各卧在一块石头上。西边的那个芦头，上面结满了珍珠疙瘩，而且在石上微微翘起，恰似一人醉卧石上，低首沉睡。此时，月牙钻出浓雾，把银光从窝棚顶照入里内，只见那卧在石上的两个芦头渐渐地扬起了头，像人一样对呼尔塔张望！呼尔塔惊得"啊呀"一声，坐在地上。

踏娘禁不住以袍袖掩唇一笑，说道，大人不必惊恐，那是告舌参在说话呢。从王位心想，它都会说些什么呢？踏娘似早已得知呼尔塔心中所想，于是对其说，驿道从这里西去长安，什么时候动身，路上会遇到怎样阻碍，有福有难，有雨有雪，它都可未卜先知。但只有一样，要诚心来见识它，要将真话说与它……

到抚松不提起人参就像到长白山没提起天池那是一件不可思议的话题，终于，人们不知不觉又提起了踏娘青兰家的告舌参。众老人指点着风雪中的后山争抢着谈论起来，那"告舌"只不过是人肉眼观它像人的"舌头"一样，其实它是被山石环境"逼"出来的长相，由于它的根不能顺利扎于土下，而是"盘"坐在石上，须根要穿越各种石头，所以那往往看上去细如丝线的须，其实是根，而它的"芦头"为了吸收阳光而生存，往往就长出许多头，每一个头，都长得一模一样，就像女人生了双胞胎或多胞胎，它有很强预测自然变故的能力，如大风、大水、大雪、大雨、地震的征兆，而且刘金瑞说，告舌参旁准有一条大蛇。

蛇，提起这，人们都惊恐地竖起了眼睛，仿佛有蛇从四面八方围绕过来，当想起眼下是隆冬，眼神才平缓下来。这让人感到在山里谈蛇色变的效果，而蛇又是在驿道上不可或缺的话题，还有一个原因，在山里，不光人知道人参有营养，动物也知道，动物是识药的能手。比如蛇，它知道自己只要护住一棵人参，饿了就舔一舔，不至于饿死或生病。所以山里人都知道，有人参的地方必有蛇，有蛇的地方必会有人参，所以人管大蛇叫"护参宝"，还因山鼠子喜欢吃人参籽，有人参的地方，山鼠就多，而蛇又喜欢食山鼠，这样，蛇也就与人参结下了不解之缘。

在这条道上提起人参，人们发现人参的记忆淹没了古道，尽管光阴已流失了两千多年，但是贡道上与人参有关的事情太多。把头，叫人参把头；姑娘，叫人参姑娘；小孩，叫人参娃娃，还有人参蜜、人参酒、人参米、人参面、干饭参、药参、灯笼参、扁担参、四合参、人参嫁女（过去《山海经》中听说过老鼠嫁女）、人参剃头、棒槌喊山、龙参、鹿参、毛驴参、火参、刺参、葫芦参、骑鹿挖参、巴掌参、拧劲参、吹箫得参、驴皮口袋参、虎参、狗参、青年参、莲花参、童子参、夫妻参、老头参、老太太参、小猪倌参、汗衫娘子参、磨参、碾子参、犁杖参、锄头参……还有大量地名，如一张皮、一把叶、二甲子、灯参子、五品叶沟、老把头沟、棒槌砬子、棒槌窝棚、珠宝屯、万良（开始叫万两，是指一个人挖到一棵八两重的山参——古人说：七两为参，八两为宝，卖了一万两白银，于是这个屯子就叫"万两"，后来叫白了，就叫成了"万良"了；而珠宝屯，也是如此，有说是伐木挣下的珠宝万两，有说是挖人参放山挣下的大价），在这条道上，真是什么"名"都能"靠"到人参上，就有如人们对越王勾践墓地的认知。一开始，人们从古书上发现越王的墓在一个叫"木客山"的地方，可是，在越王的家乡没有这个山名。但当人按照记忆文化和语言文化的规律去寻找时，却发现当地有一个林子后边有一座后山叫"木栅村"，后来把村里的老人找出来一问，栅就是客，当地人的发音相同，栅等于客，正是越王勾践之墓。一种东西或文化在久远的传承过程中，语言、民族、习惯、习俗有时会出现一些差异，但是本质上的特征没变，只有人到达这个地方，走进这个地方的民间记忆中，从前的本真才会被认知。唐和渤海时期贡送长安的主要贡品就是人参，吉林长白山的人参，后来叫"辽参"（这是清时期对人参的称谓）。

这条贡道记载，那时垛夫出发是在春天，残雪已经化尽了，人和驮子开始上路了。可驮子从各家出来到丰州却必须在如我们这时一样的冬季，要顶风冒雪来到丰州集合，往往要走上一两个月，需在丰州分垛、组货，所以出门时依然是这样风雪弥漫的时日。可以想见在两千多年前的那些个深冬和早春，长白山老林的各条雪道上，从千村万屯结伴出行的人们，牵着牲口，在冰雪上移动。

官道岭这个地方正好进入清水香（乡）。越往里走雪越深，这是一道峡谷，官道岭在谷上头。过去古道都要选沟谷，上岭岗，再从岭岗到谷地，避开河流是因没有桥，而且驿道还要由从王位指派各部落选出专门"压道"的人，每天在道上挖石头、除冰雪，垫平被山水和桃花水冲出的一条条沟痕。

能上道被码上垛的人参都叫干货。干，是一种对人参保鲜处理的方式，路途遥远，要成年或几年才能到达长安，不然"三宝"会烂掉。其实每一个挖参人同时又都是保存人参的能手，进山挖参人除必带一根棍子（又叫索拨棍，以助上山爬岭、拨草寻参和打草惊蛇）外，还要带一个盘子，叫"火盘"。

《鸡林旧闻录》载：山里人挖到人参，要带回窝棚，立即将人参置沸水中焯过，再以小毛刷将表皮刷净，并用白线小弓之弦将人参纹理中的泥土清除，然后用火盘去烤干，这称为"掐皮参"或"白皮参"。如制红参或糖参，则将冰糖融化，把人参浸入糖汁中1～2天，再煮熟，取出用火盘烧干，这是"糖参"。还有"生晒参"。古人讲究"贵红贱白"，是因红参有抗磨损保留充分营养之功能，而挖参人身上携带的"火盘"是一种珍贵的物品，火盘有泥制、石制、木制等各种不同质地，上绘有各种图案，如火神、山神、水神、冰神、雪神，或各种花边、云卷，是挖参人生活的"文本"。背火盘的人是把头。一定要把火盘放在贴心的部位上，不使它损坏或玷污。那是一种圣洁的艺术品。火盘在林子里，可以作为供奉山神爷老把头的托盘，上面摆满供果，但一定要防止它被风吹刮起来。一旦春季风大，火盘不慎被风刮起，就会像山坳里石坑中点点的冰壳一样，刮向空中，随之飘飘远去，那是一种不祥之兆。有一年春天，起风了，把许多火盘卷上天空，冰壳雪盘和烤参火盘掺杂飞起，天空现出五颜六色的光芒，果然那一年山里突发桃花水，把人冲得七零八落，人喝人死、畜饮畜亡。和天上的色泽一样，桃花水之所以称"桃花"，是因为它呈五颜六色，是由冰、雪、岩石、土层中含有的毒素形成，并且桃色迷人。终于，经过千难万险，长白山的"告舌参"送到了大唐长安。

大型吉剧《三放参姑娘》把长白山人参烘托得更加神奇和无比珍贵，这也使得吉林省多年来的传统节日当中人参文化节日更加深入人心。在吉林省传统文化、产业文化中占有重要地位的人参文化，也是国家级文化遗产项目。如今关于长白山人参的各种文化影

221

响，已经使得人们更加坚定了世界人参看中国、中国人参看吉林、吉林人参看长白山的理念，那么这样一个概念和这样一种影响，已经形成了巨大的文化产业，人参文化产业也成了吉林省经济支柱性产业。而现在想起来，这正是当年丝绸之路上的人参文化所产生和释放出的巨大影响和久远的效益，是吉林光辉美好的未来。

后记
生命与爱的重走……

就在《重走东北亚丝绸之路》收笔的时候，我抬眼久久地望着天空阴云密布的远方，窗外开始飘起了纷纷扬扬的大雪。这是今年北方的第一场雪，而且今天正是寒露，这天"重走"东北亚丝绸之路的收笔，使我的心中产生了厚重的情感，我觉得此书是经过了我多年的艰难的心灵碰撞思想积累的结果，有多少震撼心底的记忆是那么难忘。其实所说的"重走"，贴切地概括了此书的真实和准确的成书过程。这部作品，真的是我亲历进入到自然、历史和文化的岁月当中感悟的结果，今天终于有了这样一个彻底的释放；而且，叫《重走东北亚丝绸之路》，恰恰是符合这些年我对这个主题的不断思考的结果。

回想起来，《重走东北亚丝绸之路》最能表现我近20年来开展丝绸之路文献和田野调查所希望达成的心愿。在这期间，我曾经考虑写丝绸之路、写东北亚丝绸之路、写冰雪丝绸之路等。但是每次在走进东北的时候，丝绸之路这个概念、东北亚丝绸之路的概念总是在我心中反复涌动。这个强烈的存在不断地加深我的理念和情怀，释放出大量的思考和情感冲动。记得每当我走进许多古老村落的时候，都没有忘记问一下，这是丝绸之路上的村落吗？人们往往回答说这正是。于是我说，那么有没有老人能讲点从前的故事？他们往往惋惜地说，你来晚了，就在几天前，老张头儿、老李头儿、老刘头儿……已经走了。

这时候，我的心万分痛苦，我后悔，我怎么不能早点来呀？我恨不得自己再早些到来，可是回头一想，东北亚丝绸之路已有千百年的过往了，就是我的脚再快，也追赶不上岁月的流逝；可我心里对自己却不能谅解，尽管如何努力也不能挽回人类集体记忆的消失，但是追溯消失的记忆也有着重要的价值，于是从此我怀着对古老的东北亚丝绸之路的情怀，开启了对东北亚丝绸之路原始和源头资料艰辛的搜集、抢救、挖掘、记录工作，尽量让那失去的久远岁月、珍贵的东北亚丝绸之路的记忆，重新回归。越是这样，我越觉得光阴更加地紧迫。20 年来，我几乎没有一个春节在家过，以前还没有传统节日放假的制度，后来有了传统节日假期，我又把这些时间都集中起来，一头扎进了东北田野、扎进了长白山，在人们记忆中的各条丝绸之路上力图去用脚步丈量大地，追寻那久远的丝路传承的记忆。所以这部著作，是真正的"重走"，是寻找东北亚丝绸之路自然、历史、文化的行走，是一次真正的文化苦旅。遗憾的是，有好多地方难以重走了，特别是各条丝绸之路所连接的东北亚的其他几个国家和地区，我们已经不能随意到访了，只能在文献和记忆中尽量让思想去到达。

此书定位为"重走"，也符合了这些年来我在梳理东北亚丝绸之路的实际思想状况，展示出了亲历积累的过程。而这种思想和积累、思考和准备，由中国文史出版社提出来的，以"重走"来再现东北亚丝绸之路这个想法，就非常准确和科学。它概括了我这些年对东北亚丝绸之路的深刻的爱，由于有了这种爱，所以就有了一种写好它的责任，而这种责任又通过我不断地重走，不断地亲历，使得此书更加亲切和珍贵。

《重走东北亚丝绸之路》的"重走"，是心的重走，爱的重走。现在，我经过几年的思想沉淀和不断的加工细化，将出版社和朋友们的提议都纳入思考中，终于使这部书与读者见面了。在此之时，我深深地感谢对这部书做出过巨大努力的人们，其中有编辑、好友、同事，还有那些过世的口述的老人和他（她）们的后人，谢谢你们。

窗外，北方的第一场雪仍在飘落，这使我想到我们的东北亚丝绸之路还将继续重走，因为冰天雪地是它的灵魂。今天，东北亚丝绸之路将有一个崭新的版本，留给人类、留给历史，也是留给未来。

是为后记。

曹保明

2022 年 10 月 9 日于长春

主要参考书目

1. 傅朗云主编：《东北亚丝绸之路历史纲要》，刁书仁主编"长白丛书研究系列"，吉林文史出版社 1999 年版。

2. 蒙秉书、李亚超标注整理：《吉林纪事诗·香余诗钞》，李澍田主编"长白丛书"第二集，吉林文史出版社 1988 年版。

3. 徐浩、张志强著：《清代东北邮驿史》，中央广播电视大学出版社 2008 年版。

4. 程妮娜著：《东北史》，吉林大学出版社 2001 年版。

5. 冯骥才著：《人类的敦煌》，甘肃人民出版社 1988 年版。

6. 谷长春主编：《吉林地域文化通鉴》，中华书局 2013 年版。